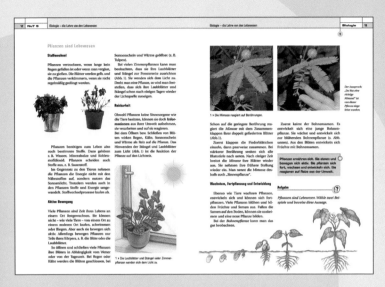

Inhaltsseiten

Diese Seiten vermitteln dir – unterstützt durch **Merksätze**, Tabellen und Übersichten – biologisches Grundlagenwissen über wichtige Begriffe, Gesetze, Erscheinungen und Zusammenhänge.

Ergänzendes und Vertiefendes bietet zusätzliche Informationen.

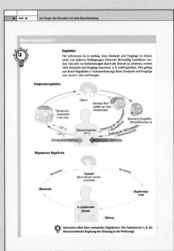

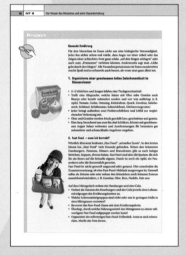

Basiskonzepte

Diese Seiten helfen dir, allgemeingültige Zusammenhänge (z. B. Information) in der Biologie zu erkennen und sie – unterstützt durch Aufgaben – auf neue Erscheinungen anzuwenden.

Methoden

Für die Biologie charakteristische Denk- und Arbeitsmethoden zeigen dir, wie du bei bestimmten Tätigkeiten (z. B. Erklären, Beobachten, Beschreiben, Vergleichen, Experimentieren, Protokollieren, Bestimmen) schrittweise vorgehen kannst.

Projekte

Diese Seiten sollen dich zum selbstständigen Bearbeiten ausgewählter Themen anregen.

Natur und Technik

5

Schwerpunkt Biologie
Bayern 5 Gymnasium

Herausgeber
Birgit Pietsch
Petra Schuchardt
Dr. Adria Wehser

DUDEN PAETEC Schulbuchverlag
C.C.Buchner

Herausgeber
Birgit Pietsch
Petra Schuchardt
Dr. Adria Wehser

Autoren
Ralf Ballmann
Dr. Axel Goldberg
Dr. habil. Christa Pews-Hocke
Prof. Dr. sc. Manfred Kurze
Dr. Bernd Schmidt
Holger Seitz
Dr. Adria Wehser
Prof. Dr. habil. Erwin Zabel

Sabine Becker
Dr. Edeltraud Kemnitz
Birgit Pietsch
Petra Schuchardt
Hannelore Schmidtler
Petra Sommer
Aenne Wood

Berater
Annette Goldscheider, Augsburg
Hannelore Schmidtler, München

Barbara Henschel, München;
Holger Seitz, Bobingen

Beiträge von
Wernfried Schittenhelm, Valley

Dieses Werk enthält Vorschläge und Anleitungen für **Untersuchungen** und **Experimente**. Vor jedem Experiment sind mögliche Gefahrenquellen zu besprechen. Die Gefahrstoffe sind durch die entsprechenden Symbole gekennzeichnet. Experimente werden nur nach Anweisung des Lehrers durchgeführt. Solche mit Gefahrstoffen dürfen nur unter Aufsicht durchgeführt werden. Beim Experimentieren sind die Richtlinien zur Sicherheit im naturwissenschaftlichen Unterricht einzuhalten.

1. Auflage
1 ⁵ ⁴ ³ ² ¹ | 2009 2008 2007 2006 2005
Alle Drucke dieser Auflage können im Unterricht nebeneinander benutzt werden.
Die letzte Zahl bezeichnet das Jahr dieses Druckes.

© 2005 DUDEN PAETEC GmbH, Berlin
© 2005 C.C.Buchners Verlag GmbH & Co. KG, Bamberg

Internet: www.duden-paetec.de; www.ccbuchner.de

Redaktion Birgit Pietsch, Birgit Janisch
Gestaltungskonzept Simone Hoschack
Umschlag Britta Scharffenberg
Layout Johanna Dörsing, Jessica Kupke, Angela Richter, Christel Ruppin, Marion Schneider
Grafiken Christiane Gottschlich, Martha-Luise Gubig, Karin Mall, Christiane Mitzkus, Heike Möller, Walther-Maria Scheid, Jule Pfeiffer-Spiekermann, Sybille Storch
Druck und Bindung Druckerei zu Altenburg GmbH, Altenburg

ISBN 3-89818-444-7 (DUDEN PAETEC Schulbuchverlag)
ISBN 3-7661-6600-X (C.C.Buchners Verlag)

Inhaltsverzeichnis

1 Biologie – die Lehre von den Lebewesen 6

- Lebendes oder Nichtlebendes? 8
- **Methoden:** Wie erstelle ich ein Glossar?
  Wie fertige ich ein Mind-Map an? 9
- Tiere sind Lebewesen 10
- Pflanzen sind Lebewesen 12
- Zellen – Grundbausteine des Lebens 14
- Aufbau des Lichtmikroskops und seine Handhabung 15
- **Methode:** Wie mikroskopiere ich Objekte? 16
- **Methode:** Herstellen eines Frischpräparates vom
  Zwiebelhäutchen 17
- Die Entwicklung des Lebens auf der Erde 18
- **Aufgaben** 20
- **Das Wichtigste auf einen Blick** 21

2 Der Körper des Menschen und seine Gesunderhaltung 22

2.1 Sinnesorgane und Nervensystem 23

- Die Sinne und das Nervensystem des Menschen 24
- Das Auge – unser Sinnesorgan zum Sehen 25
- Der Sehvorgang 26
- Das Ohr – unser Hörsinnesorgan 27
- **Basiskonzept:** Information 28
- **Projekt:** Musik und Lärm 29
- Die Haut als Sinnesorgan 30
- Gesunderhaltung der Haut 31
- **Basiskonzept:** Regulation 32
- **Aufgaben** 34
- **Das Wichtigste auf einen Blick** 35

2.2 Skelett und Muskulatur 36

- Das menschliche Skelett 37
- **Basiskonzept:** Organisationsebene 42
- Körperhaltung und Haltungsschäden 45
- **Aufgaben** 49
- **Das Wichtigste auf einen Blick** 50

**2.3 Stoffaufnahme für Wachstum und Energieversorgung
des Körpers** 51

- Bestandteile unserer Nahrung 52
- Regeln für eine gesunde Ernährung 58
- **Projekt:** Gesunde Ernährung 60
- Struktur und Funktion der Verdauungsorgane 62
- Zähne und Zahnpflege 64

- **Basiskonzept:** Stoffe 65
- Atmung und Atmungsorgane 66
- **Basiskonzept:** Bau und Funktion 69
- **Basiskonzept:** Energie 71
- **Projekt:** Bewegung braucht Energie 72
- **Basiskonzept:** Wechselwirkung 73
- Gesundheitsgefährdung durch Nikotin, Alkohol und
  Medikamente 74
- **Projekt:** Stärke zeigen 76
- **Aufgaben** 78
- **Das Wichtigste auf einen Blick** 81

2.4 **Stofftransport durch das Herz-Kreislauf-System** 83

- Zusammensetzung und Aufgaben des Blutes 84
- Das Herz und seine Leistungen 86
- Der Blutkreislauf 87
- Die Niere – ein Ausscheidungsorgan. 90
- **Aufgaben** 91
- **Das Wichtigste auf einen Blick** 92

2.5 **Fortpflanzung, Wachstum und Entwicklung** 93

- Junge oder Mädchen? 94
- Pubertät – Übergang vom Kind zum Erwachsenen 95
- Fortpflanzung des Menschen 97
- **Basiskonzept:** Fortpflanzung 102
- Nachgeburtliche Entwicklung 105
- Sexuelle Gewalt und sexueller Missbrauch 107
- **Aufgaben** 108
- **Das Wichtigste auf einen Blick** 109
- **Basiskonzepte beim Menschen** 110

3 **Körperbau und Lebensweise von Säugetieren** 112

- Vertreter der Säugetiere 114
- Säugetiere als Haustiere 116
- Pflanzenfresser und Fleischfresser 122
- Körpergliederung und Skelett der Säugetiere 124
- **Methode:** Wie vergleiche ich Naturgegenstände bzw.
  Lebensvorgänge? 126
- **Basiskonzept:** Vielfalt und Angepasstheit 127
- Gemeinsame Merkmale der Säugetiere 128
- Säugetiere kann man ordnen 132
- Schutzmaßnahmen für einheimische Säugetiere 134
- **Aufgaben** 136
- **Das Wichtigste auf einen Blick** 138
- **Basiskonzepte bei den Säugetieren** 140

Experimente – Untersuchungen

- Teste die Wirkung von Lichtschutzfaktoren 33
- Teste die Wasserabgabe über die Haut 33
- Teste die Temperaturempfindlichkeit deiner Haut 33
- Untersuche die Funktion der Bandscheiben 39
- Untersuche die Bestandteile und Eigenschaften von
  Knochen 39
- Untersuche am eigenen Arm, wie Bewegungen
  entstehen 44
- Untersuche die Bewegungen des Unterarms mithilfe eines
  Modells 44
- Kleine Übungen zur Stärkung der Muskulatur beim Sitzen 46
- Untersuche, welche Nahrungsmittel Stärke enthalten 54
- Untersuche mithilfe der Fettfleckprobe, welche Nahrungsmittel
  Fett enthalten 54
- Nachweis von Vitamin C 56
- Nachweis der Löslichkeit von Stärke und Traubenzucker
  in Wasser 62
- Modell zur Veranschaulichung der Zwerchfellatmung
  (Bauchatmung) 67
- Kalkwasser als Nachweismittel 67
- Untersuche Ein- und Ausatemluft auf den Gehalt an
  Kohlenstoffdioxid 67
- Untersuche Tierblut 88
- Führe einen Belastungstest durch 88
- Zeige, dass Blut auch Wärme transportiert 88
- Bestimme den Blutdruck 88

Register 142
Bildquellenverzeichnis 145

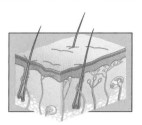

1

Biologie –
die Lehre von den Lebewesen

Schnell oder langsam? ▸▸ Tiere laufen unterschiedlich schnell. Der Kugeltausendfüßer mit 0,0013 km pro Stunde gilt als langsamster Vertreter des Tierreiches, der Gepard ist mit 120 km pro Stunde der schnellste Sprinter. Auch ein Auto erreicht diese Geschwindigkeit innerhalb kürzester Zeit. Tiere und auch das Auto bewegen sich. *Lebt das Auto?*

Ohne Stoffaufnahme läuft nichts ▸▸ Um nicht zu verhungern, müssen wir Nahrung aufnehmen. Können wir nicht atmen, ersticken wir. Ein Auto fährt nicht ohne Benzin. Klappt die Sauerstoffzufuhr nicht, läuft auch der Motor nicht. *Besteht ein Unterschied? Was kennzeichnet eigentlich Lebewesen?*

Lebendes oder Nichtlebendes?

Sonnenblumen, Pferde, Hunde, Rosen, Menschen, Zimmerpflanzen und viele andere Lebewesen gehören zur **lebenden Natur**. Steine und Wasser hingegen gehören zur **unbelebten Natur.**

Gegenstände, die eigentlich aussehen wie Menschen, Tiere oder Pflanzen, z. B. Puppen, Plüschtiere und Kunstblumen, sind ebenfalls unbelebt.

Woran erkennt man, ob etwas lebend oder nicht lebend ist?

Obwohl Lebewesen wie Pflanzen, Tiere und Menschen so unterschiedlich aussehen, haben sie **gemeinsame Merkmale**. Genau durch diese Merkmale unterscheiden sie sich von nicht lebenden Gegenständen.

Diese Unterscheidungsmerkmale kann man beispielsweise durch genaues Beobachten von Lebewesen und Betrachten von Gegenständen herausfinden.

1 ▸ Künstliche Gerbera und echte Gerbera sind im Aussehen kaum zu unterscheiden.

Aufgaben

1. *Diskutiere mit deinen Mitschülern, woran man Lebewesen und unbelebte Gegenstände unterscheidet.*

2. *Beschreibe, woran du erkennst, dass die Mäuse auf der Hand nicht leben.*

2 ▸ Lebende Mäuse und Spielzeugmäuse sind leichter voneinander zu unterscheiden.

1. Wie erstelle ich ein Glossar?

„Bin ich gut vorbereitet?" Diese Frage stellt sich jeder vor einer Klassenarbeit.

Für die Wiederholung eines oder mehrerer Themen kann ein Glossar eine wichtige Grundlage bilden, wenn es die wesentlichen Fachbegriffe der Themen enthält.

Ein Glossar ist ein alphabetisch geordnetes Wörterverzeichnis. Jeder genannte Begriff wird durch einen Kommentar ergänzt, d. h. durch eine ausführliche Definition bzw. eine Begriffserläuterung. Dabei ist es unerheblich, ob die Erläuterungen in Sätzen oder nur in Stichworten erfolgen. Definitionen müssen allerdings exakt formuliert sein.

Das Anlegen eines Glossars ist eine gute Lernvorbereitung. Dabei kann man mit Karteikarten arbeiten oder sich mithilfe des Computers eine entsprechende Textdatei anlegen.
Die jeweils erste Aufgabe auf den Aufgabenseiten dieses Lehrbuches gibt eine Hilfestellung bei der Auswahl der Begriffe.

Glossar

Amphibien:
wechselwarm:
Metamorphose:
Krötenzaun:

2. Wie fertige ich ein Mind-Map an?

Manchmal ist es schwer, seine Gedanken zu sortieren. Genauso schwer kann es sein, mit anderen Mitschülern Gedanken zu einem Thema auszutauschen und in einen Zusammenhang zu bringen. Dabei kann ein Mind-Map helfen. Mind-Maps sind Gedächtniskarten, in denen Fakten in einen Zusammenhang gestellt werden.

Die Abbildung eines Mind-Maps kann man sich als Baum mit seinen Ästen und Zweigen vorstellen, auf den man von oben blickt.

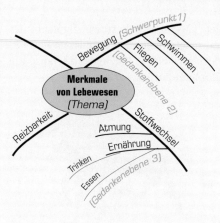

Beim Erstellen eines Mind-Maps kannst du **schrittweise vorgehen**.

Schritt **1**

Wähle ein Thema.

Schreibe das Thema in die Mitte eines unlinierten Blattes.

Schritt **2**

Finde die Schwerpunkte.

Denke über Schwerpunkte nach und schreibe diese auf je einen Hauptast. Hauptäste sind mit dem Mittelpunkt verbunden.

Schritt **3**

Erweitere die Gedankenebenen.

Füge eine weitere Gedankenebene als Verzweigung eines Hauptastes hinzu. Diese ist mit dem Hauptast verbunden, wird aber dünner dargestellt.
Je nachdem, wie sich die Ideen entwickeln, können dritte und vierte Gedankenebenen ergänzt werden.

Schritt **4**

Gestalte ein Mind-Map.

Bei der Gestaltung des Mind-Maps können einzelne Schlüsselwörter und Hauptäste bzw. ihre Verzweigungen durch farbliche Gestaltung hervorgehoben werden.

Tiere sind Lebewesen

Aktive Bewegung

Aktive Bewegung: Körperteile werden bewegt oder ein Ortswechsel erfolgt.

Viele *Vögel* sammeln sich im Spätsommer und machen sich auf eine lange Reise in wärmere Gebiete. Sie legen oft Tausende Kilometer zurück.

Junge Fohlen springen in der Koppel umher oder laufen an der Seite der Stute.
Lachse nehmen auf dem Weg in ihre Laichgebiete sehr große Gefahren in Kauf und legen dabei riesige Entfernungen zurück.

Stoffwechsel

Alle Tiere nehmen ständig Wasser und Nahrung auf. *Schafe* fressen z. B. das Gras auf der Wiese, *Hunde* bevorzugen Fleisch, *Erdhörnchen* knabbern Nüsse und *Vögel* lieben Körner oder Würmer. Ihre Nahrung ist energiereich.

Im Körper der Tiere werden dem Gras bzw. dem Fleisch wichtige Nährstoffe entzogen. Diese Nährstoffe benötigen die Tiere, um leben zu können. Die unverdaulichen Reste der Nahrung werden mit dem Kot aus dem Körper ausgeschieden.
Tiere atmen. Sie nehmen Sauerstoff auf und geben u. a. Kohlenstoffdioxid ab.

Die **Stoffe** werden im Körper **umgewandelt.** Gleichzeitig erfolgt eine **Energieumwandlung.** Diese Prozesse nennt man **Stoffwechsel.** Der Stoffwechsel ist ein wichtiges Lebensmerkmal.

Tiere brauchen am Tag unterschiedlich viel Nahrung, um ihren Energiebedarf zu decken. Bei einem Bären beträgt die benötigte Menge ungefähr zwei Prozent seines Körpergewichts, bei Blaumeisen sind es schon 30 Prozent. Ein Maulwurf muss etwa so viel fressen, wie er wiegt und ein Kolibri muss sogar die doppelte Menge seines Körpergewichts zu sich nehmen.

1

Wachstum, Fortpflanzung und Entwicklung

Nach der Geburt sind alle Tiere klein, z. B. Kälber (Abb.), Küken oder junge Katzen. Steht ihnen ausreichend Futter zur Verfügung, wachsen sie allmählich heran, sie werden größer und nehmen an Gewicht zu. Aus den Jungtieren entwickeln sich später erwachsene Tiere.

Die erwachsenen Tiere sind irgendwann fortpflanzungsfähig und können selbst wieder Nachkommen haben. Beispielsweise kann das erwachsene Rind nun selbst ein Kalb bekommen.

> **M** Tiere ernähren sich. Sie atmen und bewegen sich aktiv. Sie pflanzen sich fort, wachsen und entwickeln sich. Sie reagieren auf Reize aus der Umwelt.

Reizbarkeit und Verhalten

Die Tiere orientieren sich mit ihren Sinnesorganen in der Umwelt. Beispielsweise können sie mit den Augen sehen und den Ohren hören. Die **Informationen** aus der Umwelt gelangen als Reize in die Sinnesorgane. Die aufgenommenen Informationen werden verarbeitet und die Tiere reagieren mit einem bestimmten Verhalten. Zwei Hähne z. B. kämpfen um die Vormachtstellung in der Hühnerschar (Abb.).

Aufgabe ⁇

Hast du die Merkmale des Lebens auch bei deinem Lieblingstier beobachtet? Berichte darüber.

Falken und Adler können sehr scharf sehen. Sie erspähen z. B. eine Maus aus einer Höhe von bis zu 400 m.

Ein Kälbchen wird durch Milch ernährt. Ist es herangewachsen, benötigt es aber anderes Futter. Nicht nur das Gewicht und die Größe haben sich verändert, sondern es hat sich auch vom Jungtier zur Kuh oder zum Bullen entwickelt. Erst wenn diese Entwicklung abgeschlossen ist, ist das Tier fortpflanzungsfähig.

Wenn es um die Herrschaft über die Hühnerschar geht, führen die Hähne richtige Kämpfe aus. Auffälliges Verhalten zeigen Tiere besonders in der Paarungszeit. Beispielsweise „singen" manche Vogelmännchen, um eine Partnerin zu gewinnen. Bei anderen wirken Farben (Papageientaucher) oder prachtvolle Federn (Pfau, Paradiesvogel) als Signale.

Pflanzen sind Lebewesen

Stoffwechsel

Pflanzen vertrocknen, wenn lange kein Regen gefallen ist oder wenn man vergisst, sie zu gießen. Die Blätter werden gelb, und die Pflanzen verkümmern, wenn sie nicht regelmäßig gedüngt werden.

Pflanzen benötigen zum Leben also auch bestimmte Stoffe. Dazu gehören z. B. Wasser, Mineralsalze und Kohlenstoffdioxid. Pflanzen scheiden auch Stoffe aus, z. B. Sauerstoff.

Im Gegensatz zu den Tieren nehmen die Pflanzen die Energie nicht mit den Nährstoffen auf, sondern nutzen das Sonnenlicht. Trotzdem werden auch in den Pflanzen Stoffe und Energie umgewandelt. Stoffwechselprozesse laufen ab.

Aktive Bewegung

Viele Pflanzen sind Zeit ihres Lebens an einem Ort festgewachsen. Sie können nicht – wie viele Tiere – von einem Ort zu einem anderen Ort laufen, schwimmen oder fliegen. Aber auch sie bewegen sich aktiv. Allerdings bewegen Pflanzen nur Teile ihres Körpers, z. B. die Blüte oder die Laubblätter.

So öffnen und schließen viele Pflanzen ihre Blüten in Abhängigkeit vom Wetter oder von der Tageszeit. Bei Regen oder Kälte werden die Blüten geschlossen, bei Sonnenschein und Wärme geöffnet (z. B. Tulpen).

Bei vielen Zimmerpflanzen kann man beobachten, dass sie ihre Laubblätter und Stängel zur Fensterseite ausrichten (Abb. 1). Sie wenden sich dem Licht zu. Dreht man eine Pflanze, so wird man feststellen, dass sich ihre Laubblätter und Stängel schon nach einigen Tagen wieder der Lichtquelle zuneigen.

Reizbarkeit

Obwohl Pflanzen keine Sinnesorgane wie die Tiere besitzen, können sie doch **Informationen** aus ihrer Umwelt aufnehmen, sie verarbeiten und auf sie reagieren.

Bei dem Öffnen bzw. Schließen von Blüten wirken Regen, Kälte, Sonnenschein und Wärme als Reiz auf die Pflanze. Das Hinwenden der Stängel und Laubblätter zum Licht (Abb. 1) ist die Reaktion der Pflanze auf den Lichtreiz.

1 ▸ Die Laubblätter und Stängel vieler Zimmerpflanzen wenden sich dem Licht zu.

Der Ausspruch: „Du bist eine richtige Mimose!" ist von dieser Pflanze abgeleitet worden.

1 ▸ Die Mimose reagiert auf Berührungen.

Schon auf die geringste Berührung reagiert die *Mimose* mit dem Zusammenklappen ihrer doppelt gefiederten Blätter (Abb.1).

Zuerst klappen die Fiederblättchen einzeln, dann paarweise zusammen. Bei stärkerer Berührung senken sich alle Blattstiele nach unten. Nach einiger Zeit breitet die *Mimose* ihre Blätter wieder aus. Sie nehmen ihre frühere Stellung wieder ein. Man nennt die Mimose deshalb auch „Sinnespflanze".

Wachstum, Fortpflanzung und Entwicklung

Ebenso wie Tiere wachsen Pflanzen, entwickeln sich und können sich fortpflanzen. Viele Pflanzen blühen und bilden Früchte und Samen aus. Fallen die Samen auf den Boden, können sie auskeimen und eine neue Pflanze bilden.

Bei der *Bohnenpflanze* kann man das gut beobachten.

Zuerst keimt der Bohnensamen. Es entwickelt sich eine junge Bohnenpflanze. Sie wächst und entwickelt sich zur blühenden Bohnenpflanze (s. Abb. unten). Aus den Blüten entwickeln sich Früchte mit Bohnensamen.

> Pflanzen ernähren sich. Sie atmen und bewegen sich aktiv. Sie pflanzen sich fort, wachsen und entwickeln sich. Sie reagieren auf Reize aus der Umwelt. **M**

Aufgabe **?**

Pflanzen sind Lebewesen. Wähle zwei Beispiele und beweise diese Aussage.

Zellen – Grundbausteine des Lebens

Mit einem Mikroskop lassen sich die Zellen des Zwiebelhäutchens besonders gut betrachten.

Lebewesen sind sehr kompliziert gebaut. Ihre Grundbausteine, die **Zellen,** ähneln sich jedoch in ihrem Aufbau.

Pflanzenzellen (Abb. 1), besitzen außen eine *Zellwand.* Diese gibt der Zelle eine bestimmte Form und verleiht ihr Festigkeit. Unter der Zellwand befindet sich die *Zellmembran,* ein dünnes Häutchen. Sie reguliert den Stoffaustausch zwischen den Zellen und der Umwelt. Der Innenraum der Zelle ist vom *Zellplasma* ausgefüllt. Im Zellplasma liegt der rundliche **Zellkern.** Er steuert alle Lebensvorgänge der Zelle. Außerdem sind im Zellplasma viele **Mitochondrien** eingelagert. Sie dienen der Energieversorgung der Zelle.

In grünen Pflanzenzellen, z. B. den Blattzellen, befinden sich im Zellplasma noch die *Chloroplasten.* Es sind meist linsenförmige Körperchen, sie enthalten den grünen Blattfarbstoff Chlorophyll.

In einer Laubblattzelle befinden sich 10–50 Chloroplasten, in 1 mm² eines Laubblattes sind es bis zu 400 000 Chloroplasten.

In den **Chloroplasten** findet ein wichtiger Stoffwechselprozess statt. Aus Kohlenstoffdioxid und Wasser wird mithilfe von Sonnenlicht und Chlorophyll Traubenzucker und Sauerstoff hergestellt. Dieser Prozess wird als **Fotosynthese** bezeichnet.

In Pflanzenzellen bilden sich während des Wachstums im Zellplasma Hohlräume, die von dünnen Häutchen, den Membranen, begrenzt sind. Diese Hohlräume nennt man *Vakuolen.* Sie enthalten den Zellsaft.

Tierzellen bestehen nur aus einer Zellmembran, dem Zellplasma, dem Zellkern und den Mitochondrien. Sie besitzen keine Zellwände, keine Vakuolen und auch keine Chloroplasten (Abb. 2).

Aufgaben

1. *Mikroskopiere die Zelle einer Zwiebelhaut. Beobachte den Bau der Zellen. Nutze dazu die Seiten 15 –17.*

2. *Untersuche die Zelle der Mundschleimhaut.*
   Schabe mit der Unterseite eines Streichholzes ein wenig Mundschleimhaut von der Innenseite deiner Wange ab, vermische sie in einem Tropfen Wasser auf dem Objektträger und lege ein Deckglas auf.
   Sauge mit Filterpapier einen Tropfen Methylenblau oder Eosinlösung unter dem Deckglas durch. Mikroskopiere eine Zelle.

3. *Vergleiche die beiden Zellen miteinander. Stelle die Ergebnisse in einer Tabelle zusammen.*

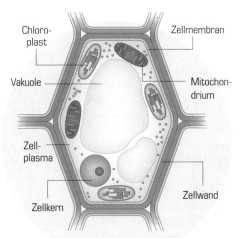

1 ▸ Bau einer Pflanzenzelle

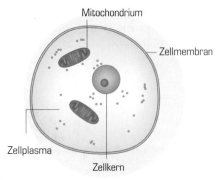

2 ▸ Bau einer Tierzelle

①

Aufbau des Lichtmikroskops und seine Handhabung

Lupen und Mikroskope sind unentbehrliche Hilfsmittel im Biologieunterricht, um kleine Objekte (Prozesse) betrachten und untersuchen zu können. In der Schule werden vorwiegend Lichtmikroskope (Abb. 1) genutzt.

Für die Betrachtung der Objekte mithilfe von Lichtmikroskopen sind Glaslinsen notwendig.

Im **Okular** ist eine Linse, die das Bild des betrachteten Objekts um das 5- bis 24fache vergrößert.

Im **Objektivrevolver** (nicht bei allen Lichtmikroskopen vorhanden) befinden sich meist drei **Objektive.** Diese enthalten ebenfalls Linsen.

Der **Tubus** verbindet Okular und Objektiv miteinander.

Der **Objekttisch** trägt das zu untersuchende Objekt (z. B. in einem Präparat). Durch eine kleine Öffnung im Tisch wird das Objekt von unten beleuchtet.

Mit der **Blende** wird die passende Helligkeit für das Objekt eingestellt. Je kleiner die Blende, desto dunkler, aber auch schärfer wird das Bild.

Mit dem **Triebrad** wird die Schärfe des Bildes eingestellt. Es gibt einen Grob- und einen Feintrieb.

Lichtmikroskope heißen deshalb so, weil sie meistens nur dann ein Bild ergeben, wenn das zu untersuchende Objekt lichtdurchlässig ist.

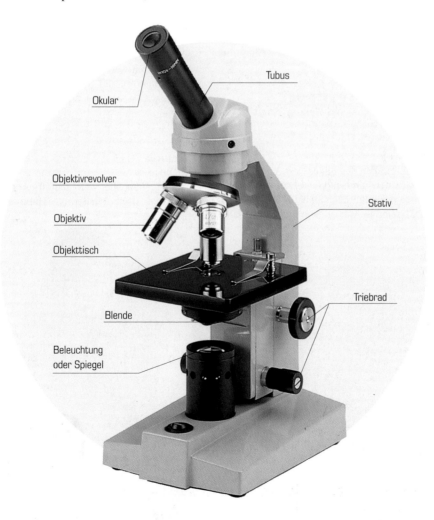

Okular
Tubus
Objektivrevolver
Objektiv
Stativ
Objekttisch
Triebrad
Blende
Beleuchtung oder Spiegel

1 ▶
Das Lichtmikroskop und seine Bestandteile

Methode

Wie mikroskopiere ich Objekte?

Durch das Lichtmikroskop erfolgt eine Vergrößerung des Objektbildes. Es kommt ein Bild zustande, das das Objekt, z. B. ein Haar, bis über das 2 000fache vergrößert zeigt. Um ein Objekt so vergrößert mit dem Mikroskop betrachten zu können, muss man das Mikroskop sachgerecht handhaben und eine bestimmte Schrittfolge einhalten.

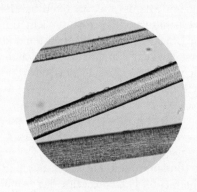

Aufgabe

Betrachte ein Haar mithilfe des Mikroskops. Lege dazu ein Haar auf einen Objektträger und klemme ihn auf dem Objekttisch fest.

Schritt (1)

Ausleuchten

Stelle den Spiegel so ein, dass Licht bis in das Okular gelangt bzw. stelle die Lampe an.

Schritt (2)

Einstellen der Vergrößerung

Stelle zunächst die kleinste Vergrößerung ein.

Schritt (3)

Scharfstellen des Bildes

Drehe den Tubus mit dem Grobtrieb bis auf etwa zwei Millimeter an dein Objekt (Präparat) heran (s. Abb. a). Sieh durch das Okular und drehe den Tubus langsam nach oben (s. Abb. b). Erscheint ein scharfes Bild, reguliere mit dem Feintrieb nach.

Schritt (4)

Einstellen der nächsten Vergrößerung

Wenn du die nächste Vergrößerung nutzen willst, musst du zuerst den Objekttisch nach unten drehen. Dann kannst du ein anderes Objektiv wählen und das Bild wieder scharf einstellen.

Schritt (5)

Fehlersuche

Wenn du nichts sehen kannst, prüfe, ob dein Präparat genau über der Lichtöffnung im Objekttisch liegt. Wiederhole dann die Schritte 1 bis 3.

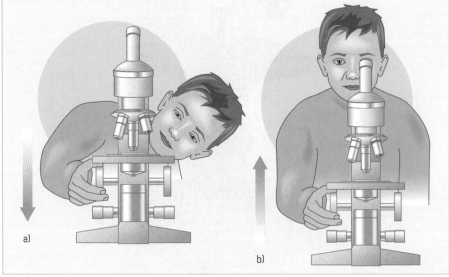

a)

b)

Methode

Herstellen eines Frischpräparates vom Zwiebelhäutchen

Schritt ①

Bereitstellen der benötigten Arbeitsgeräte und Objekte (Objektträger, Deckgläschen, Pinzette, Pipette, Rasierklinge, Wasser, Zwiebel).
Tipp: Rote Küchenzwiebel verwenden.

Schritt ②

Reinigen der Objektträger und Deckgläschen.

Schritt ③

Auftropfen von wenig Wasser mithilfe einer Pipette in die Mitte des Objektträgers (a).

Schritt ④

Zerschneiden der inneren durchsichtigen Haut einer Zwiebelschuppe mithilfe einer Rasierklinge in kleine Quadrate (b).
Achtung! Arbeitsschutz beachten.

Schritt ⑤

Abheben eines Stückchens der durchsichtigen Zwiebelhaut mit der Pinzette und in den

Wassertropfen auf den Objektträger legen (c und d).
(Achtung! Wenn sich das Stückchen der Zwiebelhaut einrollt, dann vorsichtig mit zwei Präpariernadeln aufrollen).

Schritt ⑥

Vorsichtig ein Deckglas auf das Objekt im Wassertropfen legen (e).
Dazu das Deckglas schräg an den Wassertropfen heranbringen und langsam auf das Objekt im Wasser sinken lassen.

Schritt ⑦

Seitlich hervorquellendes Wasser mithilfe eines Filterpapierstreifens absaugen.
Bei Wassermangel Wasser mit einer Pipette seitlich am Deckglas hinzutropfen.

Schritt ⑧

Soll das Objekt angefärbt werden, einen Tropfen Farbstofflösung an den Rand des Deckgläschens tropfen (f), einen Filterpapierstreifen an den anderen Rand des Deckgläschens bringen und die Lösung unter dem Deckglas hindurchsaugen (g).

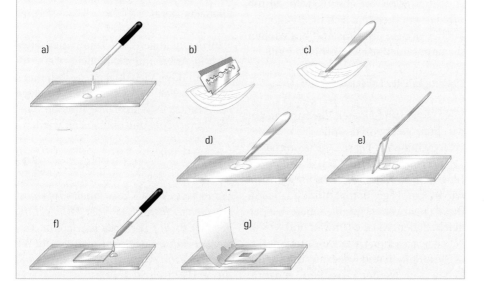

a) b) c) d) e) f) g)

Geschichte des Lebens auf der Erde

Vom Einzeller zum Vielzeller

Vor etwa vier Milliarden Jahren entstanden in den heißen Ozeanen der Urzeit die ersten Lebewesen. Dabei handelte es sich um kleinste *Einzeller*, aus denen sich vielzellige Lebewesen wie z. B. Algen, Quallen, Würmer und Fische entwickelten. All diese Organismen lebten im Meer. Das Land war bis vor etwa 450 Mio. Jahren – als die ersten Urfarne die kahle Erdoberfläche besiedelten – unbewohnt.

Millionen Jahre später hatten sich dichte Wälder aus Bärlappgewächsen und gigantischen Baumfarnen gebildet. Sie waren Nahrungsquelle und Lebensraum für eine neue Organismengruppe: die *Amphibien*, die sich aus den Fischen entwickelten, sich aber mithilfe der Lunge an Land aufhielten.

Aus den Amphibien entwickelten sich die *Reptilien*. Zur gleichen Zeit entstanden Blütenpflanzen und Nadelwälder, die unseren Planeten begrünten. Zu den Reptilien zählten auch die *Dinosaurier*, die vor etwa 220 Mio. Jahren auftraten.

Die ersten Blütenpflanzen und Säugetiere entwickelten sich. Nachdem die Dinosaurier vor etwa 65 Mio. Jahren ausstarben, breiteten sich die Säugetiere auf der ganzen Erde aus und besiedelten die unterschiedlichsten Lebensräume.

Vielfältigkeit der Lebewesen

Viele Organismen haben irgendwann auf der Erde gelebt und sind dann wieder verschwunden. Diese *ausgestorbenen Lebewesen* haben zum Teil ihre Spuren hinterlassen. Anhand dieser Spuren sind wir in der Lage herauszufinden, wann diese Organismen gelebt haben, wie sie gelebt haben, wie die Umwelt und wie sie selbst ausgesehen haben könnten.

Diese Spuren und Reste ausgestorbener Lebewesen werden **Fossilien** genannt.

Jedes einzelne Fossil erzählt seine eigene Geschichte.

Wissenschaftler suchen ständig nach neuen Spuren und versuchen diese Teile in dem großen Puzzle der *Geschichte des Lebens* – der **Evolution** – einzuordnen.

> Die Evolution ist ein Prozess, der zur Entstehung der Organismenvielfalt geführt hat. Man geht davon aus, dass sich die heutige Vielfalt der Organismenarten in langen Zeiträumen aus wenigen, einfach organisierten Formen entwickelt hat. Ⓜ

Erste einfache Lebensformen gibt es noch heute: die **Bakterien.** Sie zählen zu den häufigsten Lebewesen der Erde.

Bakterien sind sehr einfach gebaut. So befindet sich in ihren kleinen Zellen nicht mal ein Zellkern.

Die **Einzeller,** die bereits größere Zellen aufweisen, sind immer noch so klein, dass man sie nur mithilfe eines Mikroskops erkennen kann. Im Gegensatz zu den Bakterien besitzen sie einen Zellkern. Alle übrigen Organismen sind aus vielen Zellen mit Zellkern aufgebaut (z. B. Pilze, Pflanzen, Tiere).

In der heutigen Zeit kennt man etwa 1,5 Mio. Arten unterschiedlicher Lebewesen. Um diese Vielfältigkeit zu systematisieren, stellen Wissenschaftler Kataloge bzw. Übersichten auf. Diese müssen ständig überarbeitet und aktualisiert werden.

Aufgabe ⑦

Entwickelt in der Klasse einen maßstabsgetreuen Zeitstrahl, der die Entwicklung des Lebens auf der Erde wiedergibt. Verwendet dafür eine Schnur, an der ihr die Ereignisse mit Pappkarten und Klebeband an der richtigen Stelle befestigt.

Die Entwicklung von Organismen in den verschiedene Erdzeitaltern

Zeit-alter	Epoche	vor Mio. Jahren	Bedeutende Ereignisse in der Geschichte des Lebens auf der Erde
Erdneuzeit	Quartär	1,8	Auftreten und Entwicklung des Menschen, der Pflanzen und Tiere der Gegenwart
Erdneuzeit	Tertiär	65–1,8	Entwicklung und Ausbreitung der Säugetiere; Entwicklung der Menschenaffen und Affen; Ausbreitung von Gräsern; Entfaltung der Vögel; erste Frühmenschen
Erdmittelzeit	Kreide	144–65	letzte Saurier; erste Affen; erste Blütenpflanzen; erste Laubhölzer; erste Vögel
Erdmittelzeit	Jura	206–144	Vorherrschaft der Saurier; Urvögel, verbreitet Nadelhölzer
Erdmittelzeit	Trias	245–206	erste Säugetiere; Vielfalt von Reptilien; Nadelhölzer vorherrschend
Erdaltzeit	Perm	290–245	Vielfalt von Reptilien und Insekten; viele Farnpflanzen; erste Nadelhölzer
Erdaltzeit	Karbon	363–290	erste Reptilien; zahlreiche Amphibien; erste Wälder aus Farnen; Schachtelhalme
Erdaltzeit	Devon	409–363	erste Amphibien; erste Insekten; Vielfalt von Fischen; Quastenflosser; Baumfarne
Erdaltzeit	Silur	439–409	Ausbreitung der Landpflanzen (Farne, Schachtelhalme, Bärlappgewächse)
Erdaltzeit	Ordovizium	510–439	erste Fische; Meeres- und Süßwasseralgen; erste Landpflanzen
Erdaltzeit	Kambrium	600–510	Wirbellose im Meer (Quallen, Algen, Bakterien)
Erdfrühzeit	Präkambium	600	Wirbellose mit weichem Körper; erste Algen
Erdfrühzeit	Präkambium	2700	Sauerstoffgehalt der Atmosphäre steigt an
Erdfrühzeit	Präkambium	3500	älteste Fossilien von Bakterien
Erdfrühzeit	Präkambium	3800	erste Spuren von Leben
Erdfrühzeit	Präkambium	4600	Entstehung der Erde

Aufgaben

1. Wiederhole wichtige Begriffe aus dem Kapitel: *Bewegung, Entwicklung, Fortpflanzung, Reizbarkeit, Lebewesen, Merkmale des Lebens, Stoffwechsel, Wachstum, Verhalten, Zellen, Mikroskop, Fotosynthese, Evolution, Fossilien.*
Lege ein Glossar an (s. S. 9). Nutze dazu Karteikarten oder den Computer.

> **Glossar**
>
> Bewegung: *Bewegung ist ein Kennzeichen des Lebens. Tiere und Pflanzen bewegen sich aktiv.*
> Entwicklung:
> Fortpflanzung:
> Reizbarkeit:

2. Eine Maus und eine Spielzeugmaus besitzen Gemeinsamkeiten und Unterschiede. Stelle diese in einer Tabelle zusammen.

3. „Eine Kerzenflamme ist ein Lebewesen." Prüfe diese Aussage auf ihre Richtigkeit und begründe deine Entscheidung.

4. Im Frühjahr und Sommer kannst du an und auf Gewässern unterschiedliche Wasservögel mit ihren Jungen beobachten. Beschreibe ihr Verhalten.

5. Pflanzen reagieren u. a. auf Wärme, Kälte, Regen und Licht. Beschreibe dies an Beispielen.

6. Vergleiche die auf S. 12 oben abgebildeten Pflanzen genau. Was stellst du fest? Welches Lebensmerkmal kannst du ableiten?

7. Beobachte die Sonnenblumenköpfe im Verlaufe des Tages. Was kannst du feststellen? Begründe deine Antwort.

8. Fertige einen Steckbrief an
   a) von deinem Lieblingstier.
   b) von deiner Lieblingspflanze.
   Nenne jeweils Pflegetipps.

9. Welche Merkmale des Lebens haben Pflanzen und Tiere gemeinsam? Trage sie mit Beispielen in eine Tabelle ein.

10. Beobachte etwa 15 min lang dein Heimtier. Schreibe auf, welche Lebensmerkmale du beobachtet hast.

11. Die Erdgeschichte teilt man in vier große Erdzeitalter ein.
    a) Nenne die vier großen Erdzeitalter und ordne ihnen bestimmte Epochen zu.
    b) Jede Epoche wird von prägenden Pflanzen und Tieren charakterisiert. Stelle deine Ergebnisse in Form einer Tabelle dar. Benutze dafür auch den Nachsatz des Buches und das Internet.

12. Ein Neugeborenes besteht aus ca. 2 Billionen Zellen (2 000 000 000 000), ein Erwachsener aber aus ca. 60 Billionen Zellen.
    a) Errechne, um das Wievielfache die Anzahl der Zellen während des Wachstums eines Menschen zunimmt.
    b) Welche Veränderungen lassen sich noch feststellen?

1

Kennzeichen des Lebens

Die Biologie ist die Lehre vom Leben. Lebewesen unterscheiden sich von der unbelebten Natur durch charakteristische Merkmale. Lebewesen, z. B. Bakterien, Pilze, Pflanzen und Tiere zeigen auf der Erde eine große Vielfalt. Jedes einzelne Lebewesen jedoch hat ganz eigene individuelle Merkmale, es ist einmalig.

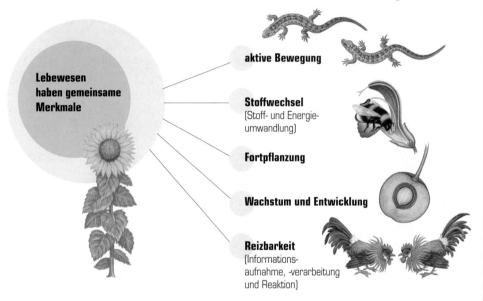

Lebewesen haben gemeinsame Merkmale

aktive Bewegung

Stoffwechsel
(Stoff- und Energieumwandlung)

Fortpflanzung

Wachstum und Entwicklung

Reizbarkeit
(Informationsaufnahme, -verarbeitung und Reaktion)

Grundbausteine des Lebens

Alle Lebewesen bestehen aus Zellen. Zellen sind die Grundbausteine des Lebens.

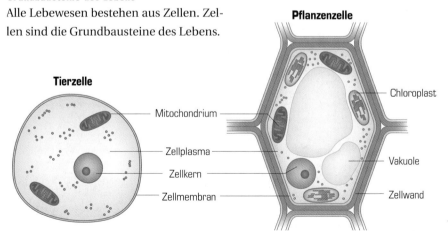

Pflanzenzelle

Tierzelle

Mitochondrium

Chloroplast

Zellplasma

Zellkern

Vakuole

Zellmembran

Zellwand

Evolution

Die Evolution ist ein Prozess, der zur Entstehung der Organismenvielfalt geführt hat. Fossilien sind Belege der Evolution. Sie sind erhalten gebliebene Reste oder Spuren von Lebewesen aus vergangenen Zeiten.

2

Der Körper des Menschen und seine Gesunderhaltung

2

2.1
Sinnesorgane und Nervensystem

Ganz Ohr sein ▶▶ Bereits vor der Geburt, im Mutterleib, sind wir in der Lage zu hören. Wir hören den Herzschlag unserer Mutter, ihre Stimme und auch die Geräusche der Außenwelt. Das Ohr ist das erste Sinnesorgan, über das wir Informationen aus der Umwelt aufnehmen.

Mithilfe weiterer Sinnesorgane können wir sehen, riechen, schmecken und tasten. Der Mensch besitzt eine ganze Reihe von Sinnen. *Welches ist das größte Sinnesorgan?*

Braun gebrannt ▶▶ Mit sonnengebräunter Haut kommen wir aus den Ferien, doch schon nach wenigen Wochen ist unsere Haut wieder genauso hell wie vorher. *Wo ist die Bräune geblieben?*

Die Sinne und das Nervensystem des Menschen

Unser Körper nimmt **Informationen** aus der Umwelt mithilfe von Sinneszellen und freien Nervenendigungen auf. Sie werden durch einen Reiz erregt und leiten die Erregung über die Nerven zum Gehirn.

Unser Nervensystem besteht aus Nerven, Rückenmark und Gehirn (Abb. 1). Die Nerven durchziehen den gesamten Körper und sammeln sich im Rückenmark. Das Rückenmark verläuft geschützt im Inneren der Wirbelsäule (s. S. 38) bis zum Gehirn.

Es ist unser Hauptnervenstrang mit Nerven, die die Information von den **Sinneszellen** aus dem Körper zum Gehirn leiten, dort wird die Information verarbeitet. Oftmals wird dann vom Gehirn über weitere Nerven im Rückenmark ein Befehl z. B. an die Muskeln zurück geschickt, sodass der Körper eine Reaktion ausführt. Der Körper reagiert so auf den Reiz.

Die unterschiedlichen Sinneszellen werden nur durch bestimmte Reize erregt (Tabelle). Sind die Sinneszellen mit Schutz- und Hilfseinrichtungen umgeben, bilden sie **Sinnesorgane.**

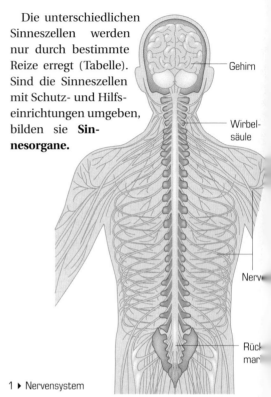

Gehirn

Wirbelsäule

Nerv

Rück mar

1 ▸ Nervensystem

Sinne und Sinnesorgane			
Sinn	**Reizart**	**Sinnesorgan**	**Empfindungen und Wahrnehmungen**
Gesichtssinn (Sehen)	Lichtreiz (Licht)	Auge	hell und dunkel wird wahrgenommen; Farben, Bewegungen, Bilder werden gesehen; räumliches Sehen ist möglich.
Geruchssinn (Riechen)	chemischer Reiz (Geruchsstoffe)	Nase	Gerüche können unterschieden werden, z. B. blumige, fruchtige, brenzlige, faulige usw.
Geschmackssinn (Schmecken)	chemischer Reiz (Geschmacksstoffe)	Zunge	Geschmacksrichtungen können unterschieden werden, z. B. süß, sauer, bitter, salzig.
Hörsinn (Hören)	akustischer Reiz (Schall)	Ohr	Lautstärken, Tonhöhen und die Richtung werden wahrgenommen.
Gleichgewichtssinn	mechanischer Reiz (Lage- und Bewegungsänderungen des Körpers)		Veränderungen der Lage des Körpers, der Körperhaltung und -bewegung werden wahrgenommen.
Druck- und Berührungssinn (Tastsinn) (Tasten)	mechanischer Reiz (Druck und Berührung)	Haut	Erschütterungen, Druck und Berührungen werden wahrgenommen.
Temperatursinn	Temperaturreiz (Wärme und Kälte)		Wärme und Kälte (Temperaturveränderungen) werden wahrgenommen.

2

Das Auge – unser Sinnesorgan zum Sehen

Die äußere Wand des Auges wird von einer harten, weißen **Lederhaut** gebildet. Nach vorne geht sie in die vorgewölbte, durchsichtige Hornhaut über. Beide schützen die inneren Teile des Auges. Die innerste Schicht ist die lichtempfindliche Netzhaut.

Die **Netzhaut** enthält die Lichtsinneszellen und auch Nervenzellen, die sich zum Sehnerv vereinen. Das Innere des Auges wird von dem durchsichtigen, gallertartigen Glaskörper ausgefüllt. Er bewirkt, dass das Auge seine Form behält.

Die mittlere Schicht bezeichnet man als **Aderhaut.** Sie wird von vielen Blutgefäßen durchzogen und dient der Versorgung der Teile des Auges mit Nährstoffen und Sauerstoff.

Die **Regenbogenhaut** (Iris) gibt dem Auge die Farbe und lässt in der Mitte ein kreisrundes Loch frei, die Pupille. Muskeln in der Regenbogenhaut können eine Verengung oder Erweiterung der Pupille bewirken. Dadurch gelangt eine unterschiedliche Menge von Licht in das Auge (Abb. 2).

Hinter der Regenbogenhaut liegt die elastische **Linse.** Die Linse kann durch ringförmige Muskeln gewölbt bzw. abgeflacht werden.

Schutzeinrichtungen sorgen dafür, dass unsere empfindlichen Augen leistungsfähig bleiben.

Verengung der Pupille im grellen Licht

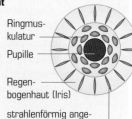

Die Menge des einfallenden Lichtes wird verringert.

Ringmuskulatur

Pupille

Regenbogenhaut (Iris)

strahlenförmig angeordnete Muskulatur

Erweiterung der Pupille im Dunkeln

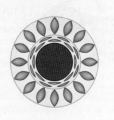

Die Menge des einfallenden Lichtes wird erhöht.

2 ▸ Anpassung der Pupille an unterschiedliche Lichtmengen

Die kugelförmigen Augen liegen in den knöchernen Augenhöhlen des Schädels. So sind sie vor Beschädigungen geschützt. Die Augenbrauen verhindern, dass Schweiß in die Augen fließt und das Sehen beeinträchtigt. Die Augenlider mit den Wimpern schließen sich blitzartig, sobald Fremdkörper in die Nähe des Auges gelangen.

Die Hornhaut muss ständig sauber sein, um klar sehen zu können. Durch den Lidschlag wird salzige Tränenflüssigkeit aus den Tränendrüsen über der Hornhaut verteilt. Die Tränenflüssigkeit spült Fremdkörper aus dem Auge heraus.

Entferne kleine Fremdkörper im Auge mit der Ecke eines sauberen Tuchs immer zur Nase hin.

Aufgabe

Beobachte in einem hellen Raum deine Pupillen in einem Spiegel. Verschließe nun mit der Hand für einige Zeit ein Auge. Nimm die Hand fort und schaue dabei wiederum in den Spiegel. Betrachte die Unterschiede der beiden Pupillen und erkläre.

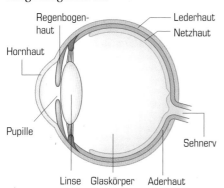

Regenbogenhaut

Hornhaut

Pupille

Linse Glaskörper Aderhaut

Lederhaut

Netzhaut

Sehnerv

1 ▸ Bau des Auges

Der Sehvorgang

Räumliches Sehen ist nur mit beiden Augen möglich.

Stehen wir plötzlich und unerwartet im Dunkeln, wird uns bewusst, was unsere Augen leisten. Nur bei Licht können wir uns ein Bild von unserer Umgebung machen. Helligkeit, Farben und Umrisse werden wahrgenommen. Wie geschieht das?

Sind Gegenstände beleuchtet, gehen Lichtstrahlen von ihnen aus. Diese Lichtstrahlen gelangen durch die durchsichtige Hornhaut, die Pupille, die Linse und den gallertartigen Glaskörper bis zu den **Lichtsinneszellen** in der Netzhaut.

Die Netzhaut jedes Auges enthält ca. 130 Mio. Lichtsinneszellen, die so genannten Zapfen und Stäbchen. Die Zapfen ermöglichen das Farbensehen, die Stäbchen dienen der Unterscheidung von hell und dunkel.

So wie auf dem Film einer Kamera wird in der **Netzhaut** ein verkleinertes, auf dem Kopf stehendes Bild des betrachteten Gegenstandes abgebildet. Durch den Lichtreiz werden die Lichtsinneszellen in der Netzhaut erregt. Diese Erregungen werden über den **Sehnerv** zum Gehirn geleitet, wo sie verarbeitet werden. Wir nehmen dann das Abbild des betrachteten Gegenstandes mithilfe unseres Gehirns in seiner natürlichen Größe und Lage wahr.

Das räumliche Sehen

Es entsteht in jedem Auge ein flächiges Bild des betrachteten Gegenstandes. Wir sehen aber ein einziges räumliches Bild. Dies ist eine Leistung unseres Gehirns. Das linke Auge sieht den Gegenstand mehr von links, das rechte Auge mehr von rechts. Mit beiden Augen wird der Gegenstand vollständig gesehen, denn im **Gehirn** werden beide Bilder zu einem räumlichen Bild vereinigt.

Schutz der Augen

Jeder Einzelne muss dafür sorgen, dass die empfindlichen Augen vor Verletzungen geschützt werden und gesund bleiben. Bei der Ausführung von Tätigkeiten ist immer auf eine ausreichende Beleuchtung zu achten. Grelles Sonnenlicht ist schädlich für die Augen, deshalb sollte dann eine Sonnenbrille getragen werden. Bei manchen Tätigkeiten müssen die Augen sogar durch eine Schutzbrille geschützt werden, z. B. beim Motorradfahren gegen Fremdkörper und Wind oder beim Arbeiten mit ätzenden Flüssigkeiten gegen Spritzer.

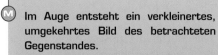

(M) Im Auge entsteht ein verkleinertes, umgekehrtes Bild des betrachteten Gegenstandes.
Die über den Sehnerv zum Gehirn gelangten Erregungen werden verarbeitet. Im Ergebnis sehen wir den betrachteten Gegenstand.

Aufgabe

Informiere dich über den Aufbau und die Funktion einer Lochkamera.
Vergleiche die Bildentstehung in einer Lochkamera und im Auge.

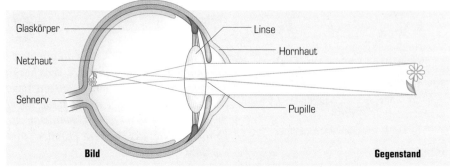

1 ▸ Sehvorgang – Bildentstehung in der Netzhaut

Glaskörper — Linse

Netzhaut — Hornhaut

Sehnerv — Pupille

Bild — **Gegenstand**

Das Ohr – unser Hörsinnesorgan

Was hören wir?

Geräusche, Sprache, Musik oder Lärm werden durch **Schall** verursacht. Schall breitet sich durch Schwingungen (Schallwellen) in festen, flüssigen oder gasförmigen Stoffen, z. B. im Beton, im Wasser oder im Gasgemisch Luft, unterschiedlich schnell aus.

Der Unterschied zwischen hohen und tiefen Tönen ist abhängig von der Anzahl der Schwingungen pro Sekunde, auch Frequenz (Einheit: Hertz) genannt. Je größer die Schwingungsanzahl, desto höher die Frequenz, desto höher der Ton. Der Mensch kann Töne von 16 bis 20 000 Hertz wahrnehmen. Tiere, wie die Fledermaus, können sogar noch Töne im Ultraschallbereich (bis zu 150 000 Hertz) hören.

Wie hören wir?

Durch die **Ohrmuschel,** die aus elastischem Knorpel besteht, werden die Schallwellen wie mit einem Trichter aufgefangen und in den Gehörgang geleitet. Dieser wird durch Ohrenschmalz vor Schmutzpartikeln geschützt. Die Schallwellen treffen nun auf das **Trommelfell.**

Das Trommelfell ähnelt einer dünnen Haut, die über eine Trommel gespannt ist, und überträgt die Schallwellen auf die **Gehörknöchelchen.** Dabei werden die Schallwellen in „mechanische" Schwingungen, d. h. Knochenbewegungen umgewandelt und verstärkt.

Die Bewegungen des Steigbügels führen zu einer Schwingung am **ovalen Fenster,** ein weiteres dünnes Häutchen. Diese überträgt nun die Schwingung auf die Gehörflüssigkeit in der **Gehörschnecke.**

Dort werden jeweils einige der über 14 000 Hörsinneszellen durch die Flüssigkeitsschwingung gereizt. Über den Hörnerv gelangt die Erregung zum Gehirn und wird dort verarbeitet.

Aufgaben

1. *Überlege, ob man im Vakuum hören könnte. Informiere dich dazu über den Begriff „Vakuum" im Lexikon oder Internet, sodass du deine Aussage belegen kannst.*

2. *Überlege, wie ein Handy oder ein Radio Signale empfängt und kläre, ob es sich hierbei auch um Schallwellen handelt.*

3. *Informiere dich über das Krankheitsbild „Tinnitus".*

Die Frequenz wird in Hertz angegeben. 1 Hertz = 1 Schwingung pro Sekunde

Im Alter tritt eine Veränderung des Hörvermögens ein: statt bis zu 20 000 Hertz, sind nur noch Töne bis ca. 5 000 Hertz hörbar.

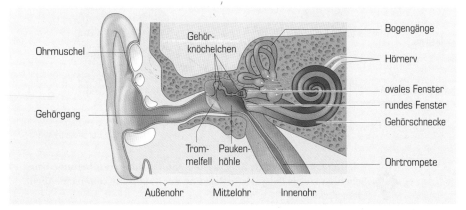

1 ▶ Bau des Ohres

Die drei Gehörknöchelchen heißen Hammer, Amboss und Steigbügel.

Das runde Fenster ist ein dünnes Häutchen, das dem Druckausgleich dient.

Basiskonzept

Information

Der Umgang mit Informationen ist für Lebewesen sehr wichtig und beeinflusst alle Lebensbereiche. Sie nehmen dabei Informationen aus der Lebensumwelt und aus ihrem Körper (z. B. Schmerz) auf. Diese werden im Gehirn verarbeitet und eventuell gespeichert (Speicherung). Oft erfolgt eine Reaktion (Verhalten) auf eine Verarbeitung. Diese Reaktion kann auch eine Wechselwirkung (Interaktion) mit einem anderen Lebewesen sein.

Informationen, z. B. akustische Informationen, sind dabei immer an einen bestimmten Träger, z. B. Schallwellen, gebunden.

Informationsverarbeitung beim Hörvorgang

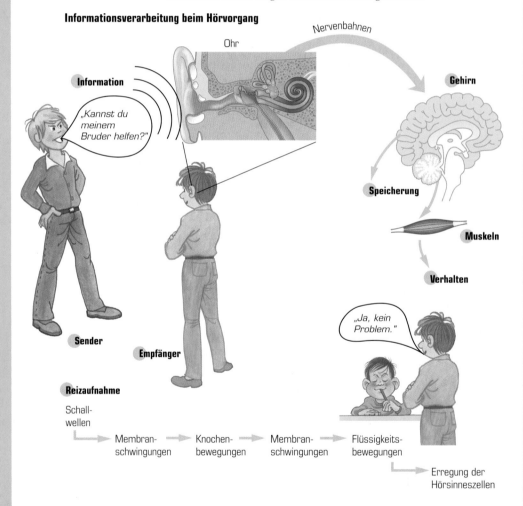

Erläutere nach diesem Schema die Informationsverarbeitung beim Sehen. Nutze als Beispiel die Reaktion der Pupille auf unterschiedliche Lichtstärken.

2

Musik und Lärm

Musik gehört zu den schönen Dingen des Lebens. Doch wie man eine bestimmte Musik empfindet, kann sehr unterschiedlich sein. Was für den Einen angenehm oder beruhigend ist, kann für den Anderen im täglichen Miteinander zur Belastung werden. Musik wird so zum Lärm.

Geräuschquelle	Schallpegel in Dezibel	Auswirkungen
Musik bei Zimmerlautstärke	60	Beeinträchtigung von Schlaf und Konzentration
Diskothek, laute Walkman- musik, Presslufthammer	100	Veränderung von Puls und Blut- druck
Lautsprecher bei Rockkon- zerten (unmittelbare Nähe)	120	Schwerhörigkeit durch Schädi- gung des Innenohrs

Ob ein Geräusch als Lärm empfunden wird, ist immer abhängig von der eigenen Einstellung oder der jeweiligen Situation. Trotzdem hat die Stärke des Schalls (Schallpegel) Auswirkungen auf unseren Körper. Häufig wird eine Belästigung durch Musik gar nicht mehr wahrgenommen oder einfach hingenommen. Dabei ist Lärmschutz oft eine Frage der eigenen Lebensgestaltung.

1. a) Was ist Schall? Informiere dich und erkläre.
   b) Versuche eine Definition für den Begriff Lärm aufzustellen und finde passende, erklärende Beispiele dazu.

2. Erstelle ein Mind-Map zum Thema: Situationen, in denen ich Musik höre.

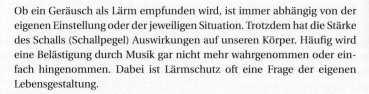

3. a) Fertige ein umfassendes (!) Protokoll über die Musikbeschallung im Verlauf eines Tages an. Übertrage folgende Tabelle in deinen Hefter.

Uhrzeit	Musikquelle	Musikart	Dauer	Lautstärke von 1–6	Empfindungen bei dieser Musik

   b) Inwiefern haben die Musikart, die Lautstärke und weitere Faktoren Auswirkungen
   • auf eigene Tätigkeiten (z. B. Anfertigung von Hausaufgaben),
   • auf die eigene Befindlich0keit (z. B. schlechte Laune) sowie
   • auf die Befindlichkeit anderer (z. B. sich gestört fühlen)?
   c) Diskutiere mit Mitschülern, welche Musik man gerne hört und welcher Musik man „ausgeliefert" ist. Leitet Regeln für den Umgang mit Medien ab, die als Musikquellen dienen (z. B. Radio, CD-Player, MP3-Player).

Die Haut als Sinnesorgan

Die alten Zellen sterben ab und werden durch die nachschiebenden neuen Zellen abgestoßen.

Die Haut umgibt unseren Körper wie eine Hülle. Von außen nach innen folgen die Oberhaut, die Lederhaut und die Unterhaut aufeinander.

Die **Oberhaut** ist so dünn wie ein Blatt Papier und besteht aus der Keimschicht und der Hornschicht. Diese Hornschicht schützt vor Verletzungen und Austrocknung. In der Keimschicht werden neue Hautzellen gebildet.

Die **Lederhaut** ist elastisch und die dickste Schicht der Haut. In der Lederhaut befinden sich Talgdrüsen, die fetthaltige Stoffe abgeben, sodass die Haut geschmeidig bleibt. Sie enthält auch Schweißdrüsen, die durch Poren in der Hautoberfläche eine salzige Flüssigkeit ausscheiden, den Schweiß. Um den Körper bei hoher Temperatur vor einer Überhitzung zu schützen, wird ihm einerseits durch die Abgabe von Schweiß Wärme entzogen. Andererseits wird die Haut durch eine Erweiterung der Blutgefäße stärker durchblutet, was ebenfalls zu einer Wärmeabgabe führt.

In der Lederhaut sind die Haare verankert und mit einem Muskel verbunden. Diese Muskeln ziehen sich bei Kälte

Aus der Lederhaut von Tieren entsteht durch Gerben Leder. So ist dieser Teil der Haut zu seinem Namen gekommen.

zusammen und richten die Haare auf – man bekommt eine Gänsehaut.

Bei Kälte verengen sich die Blutgefäße. Es fließt weniger Blut durch die Haut und so wird weniger Wärme abgegeben.

In der **Unterhaut** ist Fett eingelagert. Es schützt wie ein Polster und dient als Kälteschutz und Reservestoff.

Reizaufnahme in der Haut

Unsere Haut besitzt mehrere wichtige Sinnesfunktionen. Durch Druck-, Berührungs- und Temperaturreize werden Sinneszellen und freie Nervenendigungen in der Haut erregt. Über Nervenbahnen werden die Erregungen an das Gehirn weitergeleitet und verarbeitet.

Tastkörperchen zeigen sowohl feinste Berührungen und Erschütterungen als auch starken Druck an. Die Haut ist an verschiedenen Stellen des Körpers unterschiedlich berührungsempfindlich.

Wärmekörperchen und Kältekörperchen sprechen bei Temperaturerhöhungen und Temperaturerniedrigungen an. Freie Nervenendigungen, die auch bis in die Oberhaut reichen, sind für die Schmerzmeldung zuständig.

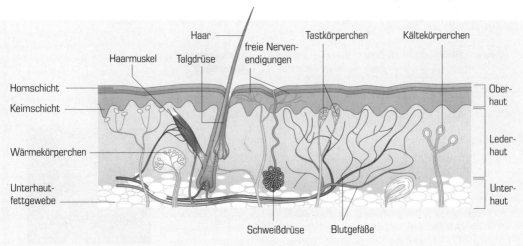

1 ▸ Aufbau der Haut

Gesunderhaltung der Haut

Durch Sonneneinstrahlung wird in der Keimschicht ein Hautfarbstoff gebildet und die Hornschicht wird etwas dicker. Dieser natürliche Schutz sorgt dafür, dass die Sonnenstrahlen nicht zu tief in die Haut eindringen können und sie damit schädigen. Dies ist bei einem **Sonnenbrand** der Fall (Abb. 1). Die Haut wird rot und heiß, sie brennt, schwillt an und jede Berührung schmerzt.

Es ist unumstritten, dass zuviel Sonnenbestrahlung die Haut vorzeitig altern lässt und sogar die Entstehung von Hautkrebs fördert. Besonders gefährlich sind Sonnenbrände im Kindesalter.

Es gibt unterschiedliche Hauttypen (s. Tab.). Menschen mit dunkler Haut können sich länger in der Sonne aufhalten, ohne einen Sonnenbrand zu bekommen. In der Keimschicht ihrer Haut wird viel **Hautfarbstoff** gebildet. Dieser Farbstoff schützt vor den Sonnenstrahlen.

Menschen mit heller Haut bekommen sehr schnell Sonnenbrand. In ihrer Haut wird wenig schützender Hautfarbstoff (Pigment) erzeugt.

Hautpflege

Die Haut ist unser größtes Ausscheidungsorgan und braucht zu ihrer Gesunderhaltung ausreichend **Pflege.** Sie sondert ständig Talg und Schweiß ab. Zersetzt sich der Schweiß nach einiger Zeit, beginnt er unangenehm zu riechen. Außerdem lagern sich Dreckpartikel auf der Haut ab und Bakterien siedeln sich an.

Daher sollten wir unseren gesamten Körper täglich mit viel Wasser und einer milden Seife reinigen. Da Seife den natürlichen Fettfilm auf der Haut abbaut sollte sie nur mäßig eingesetzt werden.

Schütze deine Haut bei starker Sonnenbestrahlung durch Sonnencreme, lockere Kleidung und eine Kopfbedeckung.

Aufgaben

1. *Bestimme mithilfe der Tabelle deinen Hauttyp.*

2. *Sonnengebräunte Haut gilt als gesund und schick. Viele nutzen daher auch ein Solarium. Was meinst du dazu?*

1 ▸ Ein Sonnenbrand kann Hautkrebs verursachen.

Hauttyp	Reaktion der Haut bei Sonnenbestrahlung	Unbedenkliche Verweildauer in der Sonne
Typ I: sehr helle Haut mit Sommersprossen, rote Haare	Haut ist sehr empfindlich und wird nicht braun, bekommt schnell einen Sonnenbrand	10 Minuten pro Tag
Typ II: helle Haut und blonde Haare	Haut wird nur schwach braun und bekommt schnell einen Sonnenbrand	15 Minuten pro Tag
Typ III: dunklere Haut und dunkelblonde bis braune Haare	Haut wird gut braun und bekommt seltener einen Sonnenbrand	25 Minuten pro Tag
Typ IV: dunkle Haut und dunkelbraune bis schwarze Haare	Haut wird tiefbraun und bekommt kaum einen Sonnenbrand	35 Minuten pro Tag

Basiskonzept

Regulation

Für Lebewesen ist es wichtig, dass Zustände und Vorgänge im Körper nicht von äußeren Bedingungen (Umwelt) übermäßig beeinflusst werden. Um sich vor Veränderungen durch die Umwelt zu schützen, werden viele Zustände und Vorgänge konstant, d. h. stabil gehalten. Dies gelingt nur durch Regulation (= Konstanthaltung) dieser Zustände und Vorgänge und „kostet" sehr viel Energie.

Temperaturegulation

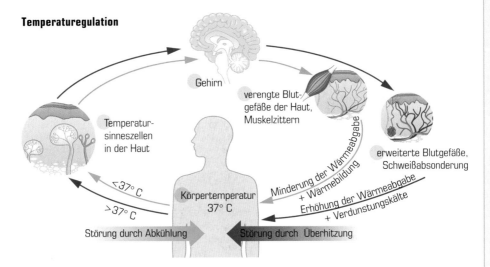

Gehirn

Temperatur-sinneszellen in der Haut

verengte Blut-gefäße der Haut, Muskelzittern

erweiterte Blutgefäße, Schweißabsonderung

Minderung der Wärmeabgabe + Wärmebildung

Erhöhung der Wärmeabgabe + Verdunstungskälte

< 37° C

> 37° C

Körpertemperatur 37° C

Störung durch Abkühlung

Störung durch Überhitzung

Allgemeiner Regelkreis

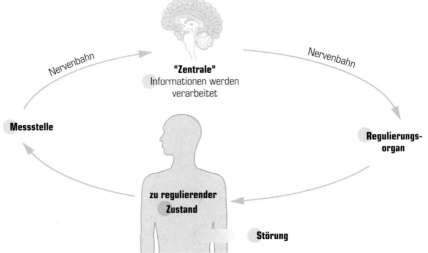

Nervenbahn

Nervenbahn

"Zentrale" Informationen werden verarbeitet

Messstelle

Regulierungs-organ

zu regulierender Zustand

Störung

Informiere dich über technische Regelkreise. Wie funktioniert z. B. die thermostatische Regelung der Heizung in der Wohnung?

Experimente • Untersuchungen

1. Teste die Wirkung von Lichtschutzfaktoren.

Materialien:
Tablett, Zeitung, vier Objektträger, drei Sonnenschutzmittel mit unterschiedlichen Lichtschutzfaktoren (LSF 4, LSF 12, LSF 35)

Durchführung:
Aus dem unbedruckten Rand von Zeitungspapier werden fünf Rechtecke (6 cm x 12 cm) ausgeschnitten, nummeriert und nebeneinander auf das Tablett gelegt. Papier 1 bleibt leer, auf Papier 2 bis 5 werden die Objektträger gelegt. Auf der Oberseite der Objektträger von Papier 3 bis 5 werden die unterschiedlichen Sonnenschutzmittel aufgetragen. Der Objektträger 2 bleibt frei. Stelle das Tablett auf die Fensterbank in die Sonne. Nimm nach sieben Tagen die Objektträger von den Papierstreifen.

Beobachtung und Auswertung:
Vergleiche die Papierstreifen 1 bis 5 miteinander. Erkläre deine Ergebnisse und begründe. Übertrage deine Ergebnisse auf unsere Haut und ziehe Schlussfolgerungen.

2. Teste die Wasserabgabe über die Haut.

Materialien:
durchsichtiger Folienbeutel (ca. 1 Liter) oder Becherglas, Handtuch

Durchführung:
a) Stecke eine Hand in den Folienbeutel bzw. in das Becherglas und schließe den Beutel mit einem Handtuch am Arm luftdicht ab.
b) Beobachte nach 10 und nach 20 Minuten deine Hand und die Innenseite des Folienbeutels bzw. des Becherglases.

Beobachtung:
Beschreibe jeweils deine Beobachtungen.

Auswertung:
Was vermutest du, wie die beobachteten Erscheinungen zu erklären sind? Nutze dazu die Informationen auf der Seite 32.

3. Teste die Temperaturempfindlichkeit deiner Haut.

Materialien:
3 Schalen mit Wasser unterschiedlicher Temperatur (10 °C, 25 °C, 35 °C)

Durchführung:
a) Stelle die drei Schalen mit unterschiedlicher Wassertemperatur wie in der Abbildung nebeneinander.
b) Tauche für die Dauer von zwei Minuten die eine Hand in die Schale mit 10 °C warmem Wasser und die andere Hand in die Schale mit 35 °C warmem Wasser. Achte auf die Temperaturempfindungen, die du feststellst.
c) Bringe nach zwei Minuten beide Hände in die Schale mit 25 °C warmem Wasser. Welche Temperaturempfindung registrierst du jetzt?

d) Lass beide Hände weitere zwei Minuten in der 25 °C warmen Wasserschale. Was empfindest du?

Beobachtung und Auswertung:
Notiere deine Empfindungen von b) bis d). Vergleiche deine Temperaturempfindungen. Kannst du die widersprüchlichen Beobachtungen erklären?

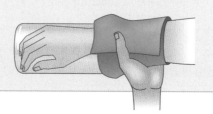

Aufgaben

1. Ergänze dein Glossar um folgende Begriffe: *Sinnesorgane, Nervensystem, Gehirn, Rückenmark, Auge, Sehvorgang, Pupille, Netzhaut, Ohr, Haut, Oberhaut, Lederhaut, Unterhaut*

   Glossar

   Sinnersorgane:
   Nervensystem:
   Gehirn:
   Rückenmark:

2. Erläutere die Aufgaben der Schutzeinrichtungen der Augen.

3. Beschreibe anhand der Abbildungen die Wirkung unterschiedlicher Lichtverhältnisse auf das Auge.

   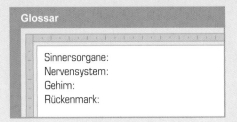

4. Begründe, warum es besonders schlimm ist, wenn ein Jäger nur auf einem Auge sehen kann?

5. An der Stelle, wo der Sehnerv das Auge verlässt, befinden sich keine Lichtsinneszellen (s. Abb. 1 auf S. 25).
   Führe folgendes Experiment durch:
   Verschließe dein linkes Auge und halte die untere Abbildung mit ausgestrecktem Arm vor dein rechtes Auge.
   Schaue genau auf das linke Dreieck und nähere nun die Abbildung deinem rechten Auge. Erkläre deine Beobachtungen.

6. Notiere die Aufgabe der Lichtsinneszellen.

7. Betrachte das Bild und befrage auch Andere, was sie sehen. Beschreibe die Wahrnehmungen. An welcher Stelle beim Sehvorgang passiert der „Irrtum"?

8. Begründe, warum die Verletzung des Trommelfells zu einer Beeinträchtigung der Hörfähigkeit führt.

9. Erkläre, warum du oft schlecht hören kannst, wenn du Schnupfen hast.

10. Ermittle Lärmquellen, denen du ausgesetzt bist und nenne geeignete Schutzmaßnahmen.

11. Die Haut ist auch ein Schutzorgan. Begründe diese Aussage in Form einer Tabelle. Gib zu jeder Schutzfunktion den zugehörigen Bestandteil der Haut an.

12. Zähle auf, welche Sinneswahrnehmungen über die Haut möglich sind.

13. Informiere dich, wie sich blinde Menschen in ihrer Umwelt orientieren können.

14. Erkundige dich beim Blindenverband über die Brailleschrift.

15. Informiere dich über die Entstehung von Hautunreinheiten und Akne und stelle Tipps zur richtigen Hautpflege zusammen.

Informationsaufnahme

Der Mensch ist mit vielen Sinnen ausgestattet, mit deren Hilfe er alle Informationen aus der Umwelt aufnimmt.

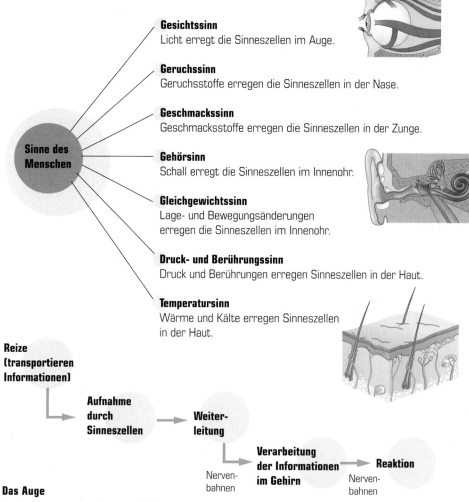

Gesichtssinn
Licht erregt die Sinneszellen im Auge.

Geruchssinn
Geruchsstoffe erregen die Sinneszellen in der Nase.

Geschmackssinn
Geschmacksstoffe erregen die Sinneszellen in der Zunge.

Sinne des Menschen

Gehörsinn
Schall erregt die Sinneszellen im Innenohr.

Gleichgewichtssinn
Lage- und Bewegungsänderungen erregen die Sinneszellen im Innenohr.

Druck- und Berührungssinn
Druck und Berührungen erregen Sinneszellen in der Haut.

Temperatursinn
Wärme und Kälte erregen Sinneszellen in der Haut.

Reize (transportieren Informationen) → **Aufnahme durch Sinneszellen** → **Weiter-leitung** → Nerven-bahnen → **Verarbeitung der Informationen im Gehirn** → Nerven-bahnen → **Reaktion**

Das Auge
Im Auge entsteht ein umgekehrtes, verkleinertes Bild des Gegenstandes.

Die Haut
Die Haut besitzt mehrere Sinnesfunktionen. Es werden Druck-, Berührungs- und Temperaturreize wahrgenommen.

Das Ohr
Schallwellen werden am Trommelfell in Schwingungen umgewandelt und über Gehörknöchelchen und Gehörflüssigkeit übertragen.

2.2
Skelett und Muskulatur

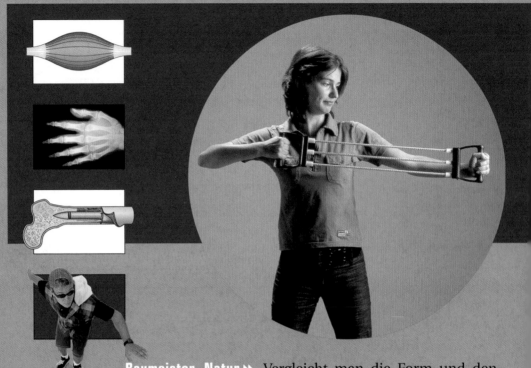

Baumeister Natur ▸▸ Vergleicht man die Form und den Bau von Knochen mit tragenden Konstruktionen, erkennt man erstaunliche Übereinstimmungen. Die Oberschenkelknochen gleichen Säulen, ihr innerer Bau zeigt Übereinstimmungen mit Verstrebungen an einem Kran. *Wo liegen die Ursachen für diese Ähnlichkeit in der Natur und in der Technik?*

Geheimnisvolle Strahlen ▸▸ Am Abend des 8. November 1895 erblickte RÖNTGEN bei Experimenten mit einer Vakuumröhre auf einem Bildschirm das Knochengerüst seiner Hand. Er bezeichnete die neue Art von Strahlung als X-Strahlen. Heute gehören Röntgenbilder zum medizinischen Alltag, um Verletzung und Schäden am Skelett festzustellen. *Wie kann es eigentlich zu Verletzungen der Knochen und Gelenke kommen?*

2

Das menschliche Skelett

Wenn ein Haus gebaut wird, benötigt man zunächst einen festen Rahmen – ein Grundgerüst. Unser **Skelett** ist dieses Stützgerüst in unserem Körper.

Das menschliche Skelett wird von etwa 220 Knochen gebildet. Die Knochen verleihen unserem Körper nicht nur Stabilität und geben ihm seine Form, sondern schützen auch unsere inneren Organe, z. B. die Schädelknochen das Gehirn, die Rippen, die Lunge und das Herz.

Nach der äußeren Körpergliederung des Menschen – Kopf, Rumpf, Gliedmaßen – besteht das Skelett aus drei Hauptabschnitten:

- **Kopfskelett** oder **Schädel** mit Hirnschädel und Gesichtsschädel,
- **Rumpfskelett** mit Wirbelsäule und Brustkorb,
- **Gliedmaßenskelett** mit Schultergürtel, Beckengürtel, Armskelett (Oberarm-, Unterarm und Handknochen) und Beinskelett (Oberschenkel-,Unterschenkel- und Fußknochen (Abb. 1).

Aufgaben   ⑦

1. *Ertaste deine Rippen, das Schlüsselbein und die Schulterblätter sowie den Rand deiner Beckenknochen.*

2. *Ertaste die Elle vom Ellenbogen aus und die Speiche von der Daumenseite des Handgelenkes aus.*

3. *Ordne folgende Knochen den drei Hauptabschnitten des Skelettes zu: Elle, Speiche, Rippen, Handknochen, Unterkiefer, Becken und Schienbein.*

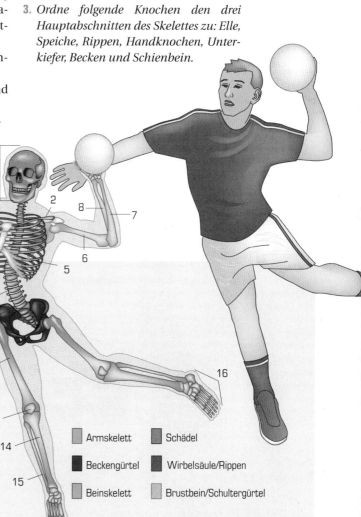

1 Kopfskelett
2 Schlüsselbein
3 Schulterblatt
4 Brustbein
5 Rippe
6 Oberarmknochen
7 Elle
8 Speiche
9 Handskelett
10 Wirbelsäule
11 Hüftknochen
12 Oberschenkelknochen
13 Kniescheibe
14 Schienbein
15 Wadenbein
16 Fußskelett

Armskelett   Schädel

Beckengürtel   Wirbelsäule/Rippen

Beinskelett   Brustbein/Schultergürtel

1 ▸ Skelett des Menschen

Die Wirbelsäule des Menschen

Du kennst sicher das Sprichwort „Der hat kein Rückgrat". Es meint sinngemäß, dass derjenige keine Haltung, keine eigene Meinung hat, sich krumm macht.

Anatomisch gesehen hat jeder von uns ein Rückgrat. Es ist die **Wirbelsäule**, die Hauptstütze unseres Körpers.

Bei seitlicher Betrachtung der Wirbelsäule eines Erwachsenen erkennt man eine leichte doppelt-S-förmige Krümmung. Ein Säugling besitzt eine gekrümmte Wirbelsäule. Erst mit ungefähr 15 Jahren ist die Form der Wirbelsäule doppelt-S-förmig.

Insgesamt sind über 30 knöcherne **Wirbel** von unterschiedlicher Größe und

Es ist verblüffend: Trotz der unterschiedlichen Halslänge haben Mensch und Giraffe jeweils sieben Halswirbel.

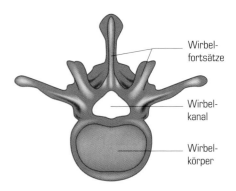

2 ▸ Einzelner Wirbel von oben gesehen

Wirbelfortsätze

Wirbelkanal

Wirbelkörper

Beweglichkeit am Aufbau der Wirbelsäule beteiligt.

Die Halswirbel sind die kleinsten Wirbel. Die Lendenwirbel tragen die Hauptlast des Körpers, sie sind am größten.

Die Wirbel sind gegeneinander beweglich (Abb. 1). Zwischen ihnen liegen **Zwischenwirbelscheiben** (**Bandscheiben**). Sie machen ein Viertel der Gesamtlänge der Wirbelsäule aus. Die Bandscheiben bestehen aus Knorpel und verhindern das Aneinanderreiben der Wirbelkörper.

Außerdem wirken die Zwischenwirbelscheiben wie Stoßdämpfer: die vielfältigen Bewegungen unseres Körpers werden elastisch abgefedert (s. S. 39, Versuch 1).

Die Wirbel bestehen aus einem stabilen runden Wirbelkörper mit knöchernen Fortsätzen an der Rückseite. Diese bilden den Wirbelkanal, in dem das **Rückenmark,** unser Hauptnervenstrang, verläuft (Abb. 2).

Aufgaben

1. *Erläutere den Zusammenhang zwischen Bau und Funktion am Beispiel der Zwischenwirbelscheiben.*

2. *Lege ein Blatt Transparentpapier auf Abb. 1 und zeichne den Verlauf der Wirbelsäule nach. Markiere dann mit Farbe auf deiner Zeichnung die beiden „S".*

Halswirbelsäule (7 Wirbel)

Bauchseite

Brustwirbelsäule (12 Wirbel)

Rückenseite

Zwischenwirbelscheibe

Lendenwirbelsäule (5 Wirbel)

Kreuzbein (5 verwachsene Wirbel)

Steißbein (verwachsen)

1 ▸ Wirbelsäule des Menschen (seitlich)

2

Experimente • Untersuchungen

1. Untersuche die Funktion der Bandscheiben.

Materialien:
4 Holzbausteine
1 Radiergummi
2 Gummiringe

Durchführung:
a) Baue ein Modell eines Wirbelsäulenabschnittes entsprechend der Abbildung b).
b) Baue ein weiteres Modell ohne Radiergummi. Achte darauf, dass die Gummiringe jetzt kürzer sein müssen, um die gleiche Spannung zu erhalten wie beim Modell b).

Probiere für jedes Modell die Bewegungsmöglichkeiten, indem du die Bauklötze nach links, rechts, vor- und zurückkippst.

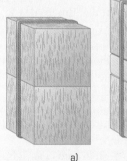 

a)   b)

Beobachtung und Auswertung:
a) Übernimm die Skizze vom Modell b) in deinen Hefter.
b) Beschrifte die Teile des Modells analog dem Wirbelsäulenaufbau.
c) Welches der beiden Modelle konnte besser bewegt werden? Begründe dein Ergebnis.

2. Untersuche die Bestandteile und Eigenschaften von Knochen.

a) Ausglühen von Knochen
Materialien:
Röhrenknochen vom Huhn, Bunsenbrenner, Tiegelzange, Waage

Durchführung:
Wiege den Knochen, notiere das Gewicht und halte ihn dann mit der Tiegelzange so lange über die Flamme, bis er ausgeglüht ist. Lass ihn abkühlen, wiege ihn erneut und prüfe die Festigkeit durch Druck.

Beobachtung und Auswertung:
– Wie verändern sich beim Ausglühen Aussehen und Festigkeit des Knochens?
– Berechne die Gewichtsveränderung.

b) Knochen in Salzsäure legen
Materialien:
Röhrenknochen vom Huhn, verdünnte Salzsäure ☒, Schutzbrille, Pinzette, Wasser, 2 Bechergläser

Durchführung:
Wiege den Knochen. Notiere das Gewicht. Lege ihn einige Tage in ein Becherglas mit verdünnter Salzsäure. Spüle den Knochen danach gründlich ab und prüfe ihn auf Härte und Elastizität durch Biegen. Lege zum Vergleich einen anderen Knochen dieselbe Zeit in ein Becherglas mit Wasser.

Beobachtung und Auswertung:
– Wie haben sich Aussehen und Festigkeit des Knochens verändert?
– Berechne die Gewichtsveränderung.
– Vergleiche die Ergebnisse der Versuche a) und b).
– Welche Schlussfolgerungen ergeben sich bezüglich der Bestandteile und Eigenschaften von Knochen?

Beachte den Arbeitsschutz beim Arbeiten mit offener Flamme und Säure! Trage Schutzkleidung!

Bau und Funktionen der Knochen

Im Sportunterricht ist Weitsprung angesagt. Der Aufprall im Sand ist ganz schön heftig. Aber nichts ist gebrochen. Wie kommt das?
Die Wirbelsäule kann aufgrund ihres Baus Stöße federnd abfangen. Aber auch unsere Knochen haben ähnliche Eigenschaften, sie sind druckfest und elastisch zugleich.

Zwei verschiedene Bestandteile in den **Knochen** sind dafür verantwortlich: Eiweißstoffe und Mineralstoffe. Die Knochen bestehen zu

- etwa 25 % aus „Knochenleim". Das ist eine gallertartige, fasrige Grundmasse von *Eiweißstoffen*, die dem Knochen seine *Elastizität* verleihen.
- etwa 55 % aus eingelagerten *Mineralstoffen*, hauptsächlich Calciumsalze. Diese verleihen dem Knochen seine *Härte*.
- 20 % aus Wasser.

Mit chemischen Untersuchungen kann man das leicht feststellen (s. Exp. S. 39).

Der Verlauf der Knochenbälkchen in einem großen Knochen ähnelt den Verstrebungen eines Krans. Sie bewirken Zug- und Biegefestigkeit.

> Ⓜ Knochen bestehen aus einer elastischen Grundmasse, in die Calciumsalze eingelagert sind. Hierauf beruht die hohe Druck-, Zug- und Biegefestigkeit der Knochen.

Die über 200 Knochen unseres Skelettes haben nach ihrer Funktion eine unterschiedliche Größe und Form. Wir unterscheiden die lang gestreckten Röhrenknochen, wie Oberarm- und Oberschenkelknochen. Sie funktionieren z. B. als bewegliche Stützpfeiler.

Dagegen sind die Plattenknochen fest miteinander verwachsen und dienen als Schutzkapsel, z. B. die Schädelknochen oder Beckenknochen.

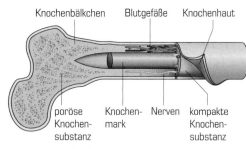

Knochenbälkchen   Blutgefäße   Knochenhaut

poröse Knochensubstanz   Knochenmark   Nerven   kompakte Knochensubstanz

1 ▸ Bau eines Knochens (Röhrenknochen)

Kurze Knochen sind z. B. Handwurzel- und Fußwurzelknochen.
Trotz unterschiedlicher Formen ist der Bau aller Knochen ähnlich (Abb. 1). Knochen sind keine toten, sondern lebende Gebilde. Deshalb können gebrochene Knochen wieder zusammenwachsen.
Außen überzieht den Knochen eine **Knochenhaut**. Sie ist stark durchblutet und reich an Nervenfasern. Darunter liegt die **Knochensubstanz**. Die Blutgefäße dringen bis in das Innere des Knochens vor.

Knochen haben eine Material sparende Leichtbauweise, die ebenfalls die hohe Zug- und Biegefestigkeit bedingt.
Die *Knochensubstanz* ist in den äußeren Schichten dicht und fest (kompakte Knochensubstanz).
Im Inneren besteht sie aus einem Gerüst aus feinen *Knochenbälkchen* mit Hohlräumen (poröse Knochensubstanz). Sie sind so angeordnet, wie es der Belastung des jeweiligen Knochens am besten entspricht.
Die Hohlräume sind mit rotem Knochenmark gefüllt. Dort werden rote und weiße Blutzellen gebildet. Mit fortschreitendem Alter verfettet das rote Knochenmark und wird dadurch gelb.

Aufgabe

Welche Stoffe sind für die Entwicklung und Festigkeit der Knochen in unserer Nahrung unerlässlich?

2

Bau und Funktion von Gelenken

Wenn du dir eine Zimmertür genauer anschaust, wirst du feststellen, dass sie beweglich mit dem Türrahmen verbunden ist. Diese beweglichen Verbindungsteile sind Scharniere.

Auch in unserem Körper gibt es solche Scharniere. Das Ellenbogengelenk, die Finger- und Zehengelenke sind Beispiele dafür.

Die meisten Knochen unseres Skelettes sind beweglich miteinander verbunden. Diese Verbindungen nennt man **Gelenke.** In unserem Körper gibt es über 200 davon!

Obwohl sie unterschiedlich aussehen, ist der Grundaufbau immer gleich. Von den beiden am Gelenk beteiligten Knochen bildet der eine den **Gelenkkopf**, der andere die **Gelenkpfanne**. Beide Gelenkflächen sind mit einer glatten, druckfesten Knorpelschicht überzogen. Eine aus elastischen Gelenkfasern bestehende **Gelenkkapsel** hält die beiden Teile zusammen. Sie ist mit beiden Knochen verwachsen. In der so entstehenden Gelenkhöhle können sich die beiden Knochenenden bewegen (Abb. 2).

Die Reibung der Knochen aneinander wird durch die Gelenkflüssigkeit oder Gelenkschmiere verhindert. Diese wird von der Innenwand der Kapsel als eine schleimige Substanz abgesondert. Da die einzelnen Körperteile unterschiedliche Bewegungen ausführen, gibt es auch verschiedene **Formen von Gelenken**.

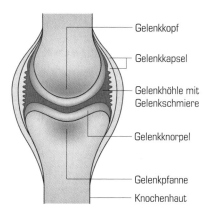

2 ▸ Bau eines Gelenkes (Schema)

- Gelenkkopf
- Gelenkkapsel
- Gelenkhöhle mit Gelenkschmiere
- Gelenkknorpel
- Gelenkpfanne
- Knochenhaut

Die Form des Gelenkkopfes und der Gelenkpfanne bestimmen die Art und Beweglichkeit eines Gelenkes.

Sattelgelenke, z. B. das Daumengrundgelenk, erlauben Bewegungen in zwei Richtungen (Abb. 1a). *Kugelgelenke*, z. B. Schulter- und Hüftgelenk, ermöglichen Bewegungen in mehrere Richtungen (Abb. 1b), *Scharniergelenke* dagegen nur in eine Richtung (Abb. 1c).

Zerstörte Gelenke können teilweise ersetzt werden. Künstliche Gelenkköpfe werden z. B. aus Titan gefertigt.

Aufgaben

1. *Lies den Text. Erstelle eine Tabelle, in der du die Gelenktypen ordnest.*
   Nenne dazu Beispiele für Körpergelenke.

2. *Suche in der Technik und im Haushalt nach Konstruktionen, die den verschiedenen Gelenktypen entsprechen.*

a)

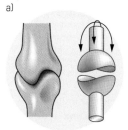

b)

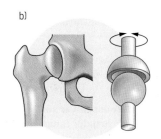

c)

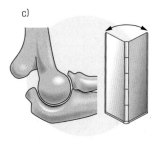

1 ▸ Verschiedene Gelenktypen: a) Sattelgelenk   b) Kugelgelenk   c) Scharniergelenk

Basiskonzept

Organisationsebene

Lebewesen sind lebensfähig, weil ihre einzelnen Bauteile ihre jeweilige Aufgabe gut erfüllen und sie perfekt zusammenwirken. Sie bilden verschiedene Organisationsebenen: Zellbestandteil – Zelle – Gewebe – Organ – Organsystem – Organismus

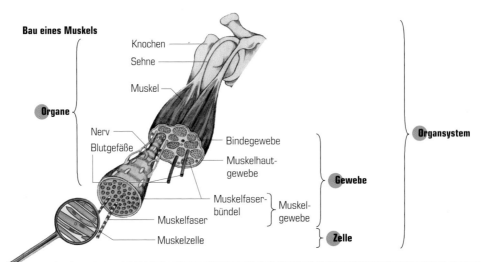

Bau eines Muskels

Knochen
Sehne
Muskel

Organe

Nerv
Blutgefäße

Bindegewebe
Muskelhautgewebe

Gewebe

Organsystem

Muskelfaserbündel
Muskelfaser
Muskelzelle

Muskelgewebe

Zelle

Organisationsebene	Erklärung und Beispiele
Organismus (Lebewesen)	Durch das Zusammenwirken von Organsystemen (z. B. Atmungs-, Ernährungs- und Bewegungssystem) ist der Organismus lebensfähig.
Organsystem	Verschiedene Organe (z. B. Muskeln, Sehnen, Knochen) arbeiten in einem Organsystem (z. B. Stütz- und Bewegungssystem) zusammen.
Organ	Ein Organ (z. B. Muskel) ist aus verschiedenen Geweben (z. B. Muskel- und Bindegewebe) aufgebaut.
Gewebe	Gleichartig gebaute Zellen mit gleicher Funktion (z. B. Muskelzellen) bilden einen Zellverband, der Gewebe (z. B. Muskelgewebe) genannt wird.
Zelle	Jede Zelle besteht aus verschiedenen Zellbestandteilen, die spezielle Aufgaben erfüllen. Der Zellkern steuert die Stoffwechselprozesse, durch die u. a. die Energie für die Muskelbewegung geliefert wird.
Zellbestandteil	Alle Zellbestandteile sind aus kleinsten Teilchen aufgebaut. Diese Teilchen sind mit dem Lichtmikroskop nicht mehr zu erkennen.

Entsprechende Strukturen gibt es auch im Alltag. Zeige sie anhand folgender Beispiele auf: Schule, Bundesrepublik Deutschland und an einer Firma. Befrage dazu auch deine Eltern.

2

Bewegung als komplexes Zusammenspiel von Muskeln, Sehnen, Knochen und Gelenken

Du kannst pfeifen wie ein Vogel, springen wie ein Frosch, gähnen wie ein Löwe oder tauchen wie ein Fisch.

An all diesen Bewegungen bei Wirbeltieren und Menschen sind Muskeln beteiligt. Und die Muskeln arbeiten alle auf die gleiche Art und Weise.

An einer **Bewegung** sind mindestens zwei oder mehrere Muskeln beteiligt. Muskeln können sich nämlich nur zusammenziehen. Wenn du z. B. den Arm beugen willst, dann zieht sich der Beugemuskel des Oberarms zusammen. Im gleichen Moment entspannt sich der Streckmuskel des Oberarms. So kommt die Beugebewegung des Arms zustande.

Wenn du den Arm nun wieder ausstreckst, dann zieht sich der Streckmuskel des Oberarms zusammen und der Beugemuskel wird entspannt (Abb. 1).

Zur Bewegung der Körperteile sind also mindestens zwei Muskeln notwendig, die im Wechsel gegeneinander arbeiten. Sie sind **Gegenspieler** (s. S. 44, Versuche 1 und 2).

Die Beuge- und Streckmuskeln der Beine sowie die großen Muskeln von Bauch und Rücken arbeiten nach dem gleichen Prinzip.

Durch die Zusammenarbeit vieler Gegenspielermuskeln entsteht auch die Mimik unseres Gesichtes und die Mund- und Zungenbewegung beim Sprechen.

> **Muskeln bewegen sich durch den Wechsel von Anspannen und Entspannen.** Ⓜ

Das Wechselspiel und Zusammenwirken der Muskeln ist die biologische Grundlage für unsere Körperhaltung und Bewegung.

Ohne **Muskeln** würde unser Skelett wie ein Kartenhaus zusammenklappen.

Im Bewegungssystem verbinden **Sehnen** die aktiv arbeitenden Muskeln mit den passiven **Knochen.** Sie übertragen die Muskelbewegung auf die Knochen. Körperbewegungen können nur dort erfolgen, wo **Gelenke** die Knochen beweglich verbinden.

Die eigentliche Arbeit bei den Bewegungen unseres Körpers leisten die Muskeln. Die Energie, die sie dafür benötigen, erhalten sie aus der Nahrung.

Auch die inneren Organe wie Herz, Darm, Magen, Speiseröhre besitzen Muskeln.

Eine Sehne ist so zug- und reißfest, dass sie dein ganzes Körpergewicht tragen kann ohne zu zerreißen.

Aufgabe

Erstelle eine Tabelle der Bestandteile des Bewegungssystems.
Notiere Eigenschaften und Aufgaben der an der Bewegung beteiligten Organe.

Skelettmuskulatur ist vom Willen beeinflussbar und ermüdet leicht.

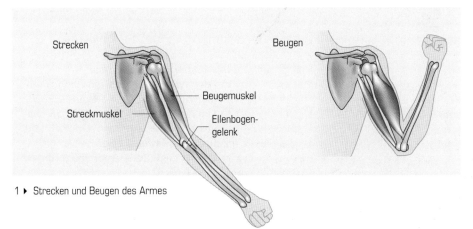

1 ▸ Strecken und Beugen des Armes

Experimente • Untersuchungen

1. Untersuche am eigenen Arm, wie Bewegungen entstehen.

Durchführung:

a) Umgreife deinen rechten Oberarm mit der linken Hand.

b) Beuge und strecke den Arm mehrmals.

Beobachtung und Auswertung:

a) Beschreibe, was du bei den Bewegungen an der Vorder- und Rückseite des Oberarms gespürt hast.

b) Übertrage die Skizze (unten) in dein Heft und ergänze jeweils auf einer der punktierten Linien die richtige Stellung des Unterarms.

c) Beschrifte in den Skizzen den Beuger und den Strecker.

d) Welches Gelenk und welche Knochen waren an der Bewegung beteiligt?

e) Suche durch Tasten die entsprechenden Muskeln am Bein, die den Unterschenkel beugen und strecken.

f) Entwickle analog der Skizze zur Bewegung des Unterarms eine Skizze zur Bewegung des Unterschenkels.

g) Kennzeichne den Beuger und den Strecker.

2. Untersuche die Bewegung des Unterarms mithilfe eines Modells.

Materialien:

2 Pappen

1 Gummiband

1 Musterbeutelklammer

2 kleine Hölzer

Durchführung:

a) Schneide aus Pappe die Stücke für den Ober- und Unterarm aus.

b) Verbinde beide Pappstücke mit den Gummiringen und befestige diese mit den kleinen Hölzern.

c) Das Modell kann auf einem Holzbrett mit Reißzwecken befestigt werden. Der Unterarm muss beweglich bleiben.

d) Überprüfe durch Ziehen am Gummiband, wie du das Unterarmmodell beugen und strecken kannst.

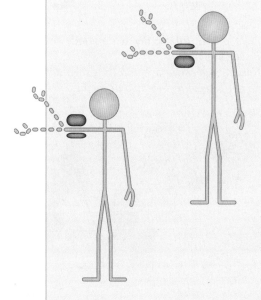

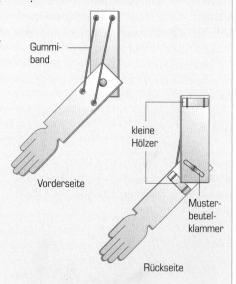

Gummiband

kleine Hölzer

Vorderseite

Musterbeutelklammer

Rückseite

Beobachtung und Auswertung:

a) Beschreibe, welche Bewegung durch Verändern des Gummibandes möglich war.

b) Fertige eine Skizze vom Modell an, vergleiche diese mit dem Original und beschrifte einzelne Teile.

c) Welche Teile des Arms zeigt dieses Modell nicht?

2

Körperhaltung und Haltungsschäden

Skelett und Muskulatur bestimmen durch ihr Zusammenwirken unsere aufrechte Körperhaltung.

Bei dieser „Normalhaltung" ist die Wirbelsäule „doppelt-S-förmig".

Ursachen für das Entstehen von **Haltungsschäden** gibt es viele. Im Beruf müssen manche Erwachsene viel stehen, sitzen oder andere einseitige Belastungen aushalten.

Bei Kindern und Jugendlichen wirkt sich langes Sitzen, z. B. am Computer, nachteilig aus, vor allem wenn dabei eine **falsche Sitzhaltung** eingenommen wird (Abb. 1 a, b).

Ungünstig ist auch das einseitige Tragen zu schwerer Schultaschen oder anderer Lasten.

Das kann zu Fehlhaltungen und zu Verformungen der Wirbelsäule führen, beispielsweise kann sich ein **Hohl-, Rund-** bzw. **Schiefrücken** ausbilden (Abb. 3). Haltungsschäden entstehen bei Jugendlichen auch deshalb häufiger, weil ihre Knochen noch weich und biegsam sind.

Im Anfangsstadium lassen sich solche **Haltungsfehler** und Verformungen der Wirbelsäule noch durch Verändern der Haltungsgewohnheiten und durch gymnastische Übungen wieder rückgängig machen. Außerdem kräftigen Sporttrei-

2 ▸ Gymnastik ist gut für die Haltung.

ben und Fitnesstraining die Muskeln und fördern damit auch eine gute Körperhaltung (Abb. 2).

Ist die Wirbelsäule aber in der abweichenden Form schon verknöchert, dann ist daraus ein **Haltungsschaden** geworden, der sich nicht mehr vollständig beseitigen lässt.

Aufgabe

Viele Leute klagen über Rückenschmerzen. Welche Ursache kann es dafür geben? Wie kann man Rückenschmerzen vorbeugen?

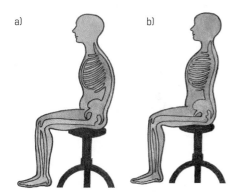

a) b)

1 ▸ Sitzhaltung falsch (a), richtig (b)

Hohl-rücken

Rund-rücken

Schief-rücken

3 ▸ Formen von Haltungsschäden

Experimente

Kleine Übungen zur Stärkung der Muskulatur beim Sitzen.

Wiederhole alle Übungen mehrmals. Spanne bei jeder Übung die Muskeln jeweils 10 Sekunden an und lege danach eine Ruhepause von 5 Sekunden ein.

1. Übung:
Stärkung der Brustmuskeln und Rückenmuskulatur
Winkle die Arme an und bewege sie in Brusthöhe nach vorn und nach hinten.

2. Übung:
Stärkung der Rückenmuskeln
Verhake die Hände vor dem Körper (ungefähr Brusthöhe) und versuche die Ellenbogen auseinander zu ziehen.

Zur Erkennung von Haltungsfehlern und -schäden und zur Einleitung von Behandlungsmaßnahmen finden schulärztliche Vorsorgeuntersuchungen statt.

Besondere Beachtung verdienen unsere Füße. Sie werden beim Stehen, Laufen, Springen, bei Arbeit und Sport stark belastet.

Bei einem gesunden Fuß bilden die Fußknochen ein Fußgewölbe, das durch Muskeln und Sehnen gefestigt wird.

Durch Muskelschwäche, Überbelastung, Übergewicht, ständigem Tragen von „modischen" Schuhen, die den Fuß einengen oder zu hohe Absätze haben, kann es zu **Fehlstellungen** und **Verformungen** der Füße wie Plattfuß (Senkfuß), Spreizfuß oder Knickfuß kommen (Abb. 1).

Solche schmerzhaften **Fußschäden** lassen sich durch Fußgymnastik und Tragen „fußgerechter" Schuhe vermeiden oder mildern. Im fortgeschrittenen Stadium sind stützende Einlagen oder orthopädische Maßschuhe erforderlich.

> Bewegungsmangel, Überbelastung oder falsche Haltungsgewohnheiten können zu Haltungsfehlern und Verformungen des Skeletts führen.
> Es können sich Haltungsschäden, wie Hohl-, Schief- oder Rundrücken, herausbilden, aber auch Fußschäden, wie Platt-, Spreiz- und Knickfuß. **(M)**

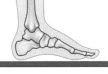 

| Normalfuß | Plattfuß (Senkfuß) | Spreizfuß | Knickfuß |

1 ▸ Fußschäden haben unterschiedliche Ursachen.

Gesunderhaltung des Bewegungssystems und Maßnahmen bei Verletzungen

Bewegung und Sport erhalten und fördern die Gesundheit.
Denn dadurch werden
• Muskeln und Gelenke beweglich gehalten,
• Atmung, Herz und Kreislauf gefördert,
• Übergewicht vermieden und eine gute Körperhaltung aufgebaut.

Es gibt eine Reihe von Sportarten, die sich besonders gut für das allgemeine Fitness- und Konditionstraining eignen. Dazu gehören *Radfahren, Schwimmen, Laufen* und auch verschiedene *gymnastische Übungen*. Hierbei werden unsere Muskeln und Gelenke gedehnt und gekräftigt, ohne dass man dazu spezielle Geräte oder Sportstätten benötigt.

Wichtige **Regeln für alle sportlichen Übungen** sind:
• eine für Geschlecht, Alter und Körperbau passende Sportart auswählen,
• regelmäßig üben,
• Belastung und Dauer der sportlichen Übungen langsam steigern,
• vor Beginn der sportlichen Übungen die Muskeln lockern und „aufwärmen“,
• Überanstrengungen vermeiden.

Durch Überlastungen, Stürze oder Gewalteinwirkungen bei Sport- oder Verkehrsunfällen kann es zu Verletzungen am Stütz- und Bewegungssystem des Körpers kommen.

Von **Knochenbrüchen** sind am häufigsten die langen Röhrenknochen der Arme und Beine, das Schlüsselbein und die Rippen betroffen, seltener Schädel, Wirbel und Becken.
Bleibt die Bruchstelle von der Haut bedeckt, nennt man das einen „geschlossenen“ Bruch a); ist die Haut mit verletzt, einen „offenen“ Bruch b).

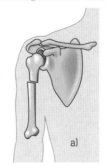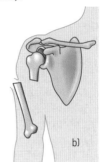

Gelenkverletzungen werden durch übermäßige Dreh- und Zugbelastung verursacht. Dabei kommt es zu einer Verschiebung der Gelenkteile, verbunden mit Zerrung oder Reißen der Gelenkbänder.

Bei der **Verstauchung** bleiben die Gelenkanteile in ihrer normalen Lage oder kehren in diese selbstständig wieder zurück.

Bei der **Verrenkung** kommt es zu einer bleibenden Verschiebung der Gelenkteile, z. B. beim Schultergelenk a). Das betroffene Gelenk muss vom Arzt wieder „eingerenkt“ werden b).

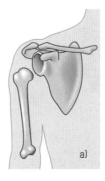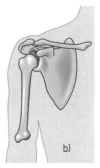

Anzeichen für Knochenbrüche und Gelenkverletzungen sind: starke Schmerzen, Bewegungsunfähigkeit des betroffenen Körperteils, Schwellungen, Blutergüsse, Fehlstellungen.

Die genaue Diagnose von Art und Schweregrad der Verletzung kann nur der Arzt ermitteln, oft erst nach einer Röntgenaufnahme. Vor Eintreffen des Arztes sind aber **Erste-Hilfe-Maßnahmen** notwendig, die jeder von uns erlernen und in Notsituationen anwenden kann.

Bei den hier beschriebenen Knochen- und Gelenkverletzungen sind sie auf das behelfsmäßige **Ruhigstellen** der betroffenen Körperteile gerichtet (Abb. 1).

Das erfolgt durch Anlegen von **Stütz- und Halteverbänden**. Am Arm können dazu Elastikbinden, Dreieckstücher oder Schals verwendet werden, am Bein zusammengerollte Decken, Kleidungsstücke o. Ä. (Abb. 1). Gegen Schwellungen und Schmerzen helfen kalte Umschläge oder Eisbeutel. Alles Weitere ist Sache der medizinischen Fachkräfte des Rettungsdienstes.

Die Telefonnummer der Rettungsleitstelle ist 19222.

Muskelverletzungen entstehen durch plötzliche oder übermäßige Belastungen, durch Stöße oder Schläge auf die Muskulatur. Das führt zu Muskelprellungen, Zerrungen oder Muskelfaserrissen.

Anzeichen hierfür sind stechende Schmerzen, Schwellungen, Blutergüsse. In leichten Fällen genügen bereits Umschläge, Einreibungen, Massagen zur Heilung. Die betroffene Muskelpartie muss einige Zeit geschont werden.

Durch plötzliche Muskelbelastung kann es zu einem Achillessehnenriss kommen (Abb. 2). Risse ganzer Muskeln oder Sehnen erfordern operative Behandlung und eine längere Heilungszeit.

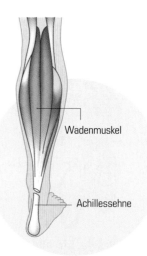

Wadenmuskel

Achillessehne

2 ▸ Riss der Achillessehne

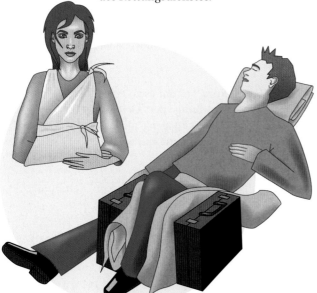

1 ▸ Ruhigstellen eines verletzten Armes (Notfall-Stützverband) und Beines

Grundregeln der ersten Hilfe für Verletzungen an Knochen und Muskeln sind u. a.:
- betroffenes Körperteil nicht bewegen, sondern ruhig stellen;
- feuchtkalte Umschläge gegen Schwellung und Schmerzen anlegen;
- den Verletzten beruhigen;
- über einen anderen Helfer den Arzt oder Krankentransport anfordern (Telefon 110 oder 112).

Aufgaben

1. Erweitere dein Glossar: *Skelett, Gliedma-ßenskelett, Wirbel, Wirbelsäule, Knochen, Rückenmark, Bandscheiben, Bewegung, Gelenke, Muskel, Sehnen, Haltungsschä-den, Fußschäden.*

Glossar

Skelett:
Gliedmaßenskelett:
Wirbel:
Wirbelsäule:

2. Nenne und beschreibe die Hauptab-schnitte des menschlichen Skeletts. Er-taste einige Skelettteile und Knochen an deinem eigenen Körper und benenne sie.

3. Beschreibe den Bau und erläutere die Funktion der Wirbelsäule.

4. Lass dir von einem Fleischer einen fri-schen Röhrenknochen vom Schwein oder Rind längs und quer durchschneiden. Fertige jeweils eine Zeichnung an.

5. Befeuchte deine nackte Fußsohle und stelle den Fuß dann fest auf ein Blatt Pa-pier. Zeichne die Umrisse des Abdrucks sofort nach. Vergleiche mit den Abbildun-gen auf Seite 46. Was stellst du fest?

6. Betrachte ein Stück Fleisch (z. B. vom Hüh-nerbein) und beschreibe seinen Aufbau.

7. a) Beobachte das Beugen und Strecken deines Armes ohne und mit Belastung (z.B. Schultasche anheben). Be-schreibe die Muskeltätigkeit.
   b) Beobachte und beschreibe ver-schiedene Bewegungen der Bauch- und Rückenmuskeln.

8. Beschreibe den Bau der Muskeln und ihre Verbindung mit dem Skelett. Vergleiche das mit deinen Beobachtungen beim Zer-legen von Tierfleisch beim Essen.

9. Begründe, welche Übungen und Sportar-ten für Alltagssport und Fitnesstraining besonders geeignet sind. Was muss man beachten, um Überanstrengung und Ver-letzungen zu vermeiden?

10. Erkläre, wodurch Haltungsfehler und an-dere Schäden am Stütz- und Bewegungs-system entstehen.
    Was kann man dagegen tun?

11. Zur Stärkung der Halsmus-keln ist folgende Übung ge-eignet: Linke Hand gegen die linke Schläfe legen und mit dem Kopf etwa 10 Se-kunden lang dagegen drü-cken. Die Übung mit der rechten Hand wiederholen. Danach eine Ruhepause von 5 Sekunden einlegen. Übung wiederholen.

12. Nenne und beschreibe Verletzungen an Knochen, Gelenken und Muskeln. Erläutere Maßnahmen und Regeln der ersten Hilfe.

13. Übt in Zweiergruppen unter Anleitung das Ruhigstellen von verletzten Körper-teilen durch Stütz- und Halteverbände, Bandagen und Pflaster. Informiert euch beim Roten Kreuz über weitere Erste-Hilfe-Maßnahmen bei Unfällen und Ver-letzungen in der Freizeit und beim Sport.

14. Informiere dich über Ursache und Kenn-zeichen eines Bandscheibenvorfalles (Le-xikon, Arzt, Internet).

Das Wichtigste auf einen Blick

Stütz- und Bewegungssystem

Das Stütz- und Bewegungssystem besteht aus Knochen und Muskeln. Ihr Zusammenspiel ermöglicht uns das Ausführen vielfältiger Bewegungen und Körperhaltungen.

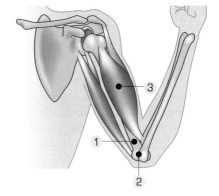

Skelett/Knochen

Das Skelett wird in *Kopf-, Rumpf-* und *Gliedmaßenskelett* gegliedert. Es besteht aus Knochen (1).
Seine Hauptachse ist die Wirbelsäule.

Gelenke

Durch Gelenke (2) sind die Teile des Skeletts beweglich miteinander verbunden. Es gibt verschiedene Gelenkformen mit unterschiedlicher Beweglichkeit, z. B. Kugel- und Scharniergelenk.

Muskulatur

Die aktiven Bewegungsorgane sind die Muskeln (3), die mit Sehnen an den Knochen befestigt sind.
Die *Skelettmuskeln* arbeiten *willkürlich* (vom Bewusstsein gesteuert); sie ermüden nach Belastung und benötigen Erholungsphasen.
Die *Eingeweidemuskulatur* (z. B. von Magen, Darm, Herz) arbeitet *unwillkürlich* und ermüdet nicht.

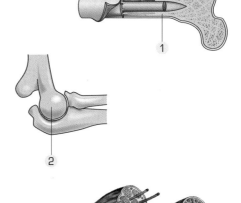

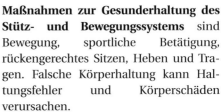

Maßnahmen zur Gesunderhaltung des Stütz- und Bewegungssystems sind Bewegung, sportliche Betätigung, rückengerechtes Sitzen, Heben und Tragen. Falsche Körperhaltung kann Haltungsfehler und Körperschäden verursachen.

2.3
Stoffaufnahme für Wachstum und Energieversorgung des Körpers

Nahrung ist lebenswichtig ▸▸ Im Laufe des Lebens nimmt man den Inhalt von ungefähr 560 100-Liter-Fässern Wasser, 25 Fässern Fett, 140 Fässern Zucker und Stärke sowie 25 Fässern Eiweiß zu sich. *Was passiert mit dieser Riesenmenge an Nahrungsmitteln in unserem Körper? Warum verhungern wir, wenn wir über einen längeren Zeitraum keine Nahrung mehr zu uns nehmen?*

Atmung – ein Lebensmerkmal des Menschen ▸▸ Wir atmen, ohne dass wir darüber nachdenken müssen. Sind wir entspannt, ist unsere Atmung gleichmäßig und langsam. Unter Belastung, z. B. beim Sport, wird unsere Atmung tiefer und beschleunigt sich. *Warum müssen wir überhaupt Luft einatmen. Was passiert mit dieser Luft in unserem Körper und warum benötigen wir offensichtlich in Ruhephasen weniger Luft als bei sportlicher Aktivität?*

Bestandteile unserer Nahrung

Sicher habt ihr von euren Großeltern und Eltern auch schon Ratschläge gehört wie: „Trink mehr Milch, Kind, das ist gut für deine Knochen!", „Iss nicht nur Pommes, du brauchst auch Vitamine!", „Iss mehr Obst und Gemüse!" (Abb. 2).

Obwohl das manchmal ganz schön nervt, haben sie Recht. Unser Körper benötigt 60 verschiedene Stoffe, um seine Lebensfunktionen aufrechtzuerhalten. Diese Stoffe sind nicht in allen Nahrungsmitteln vorhanden. Einige Nahrungsmittel beinhalten Stoffe, die die Energie liefern, die wir z. B. zum Aufbau neuer Stoffe, zum Laufen u. Ä. benötigen. Andere wiederum enthalten Stoffe, die zur Festigkeit der Knochen beitragen.

Da unser Körper nicht in der Lage ist, solche wichtigen Stoffe selbst herzustellen, müssen wir sie täglich mit der Nahrung aufnehmen.

Zu unserer täglichen Nahrung gehören u. a. Brot, Fleisch, Kuchen, Eis, Pommes, Obst, Gemüse, Getränke und vieles andere mehr. So unterschiedlich die einzelnen Nahrungsmittel auch sind, wenn man sie genauer untersucht, findet man oftmals die gleichen **Bestandteile** (Abb. 1).

Die wichtigsten Inhaltsstoffe unserer Nahrung sind die **Nährstoffe**. Zu ihnen gehören die *Kohlenhydrate, Fette und Eiweiße (Proteine)*.

2 ▸ In diesen Nahrungsmitteln sind alle Bestandteile enthalten.

In Nahrungsmitteln sind auch *Vitamine, Mineralstoffe* und *Ballaststoffe* enthalten. Diese Nahrungsbestandteile werden als **Ergänzungsstoffe** zusammengefasst.

Jeder dieser Bestandteile als auch Wasser ist wichtig für unseren Körper, und deshalb müssen wir diese Stoffe regelmäßig mit unserer Nahrung aufnehmen.

Aufgaben

1. *Übernimm die Übersicht 1 in dein Heft. Notiere zu jedem Nahrungsbestandteil ein Nahrungsmittel, das diesen besonders reichhaltig enthält.*

2. *Finde heraus, welche Bestandteile in der Milch und im Apfel enthalten sind. Was stellst du fest, wenn du diese Inhaltsstoffe vergleichst?*

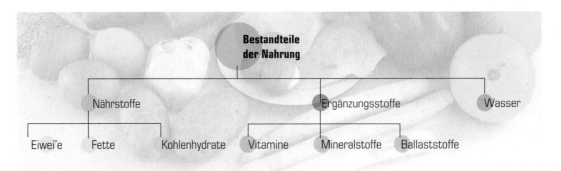

1 ▸ Bestandteile der Nahrung

Nährstoffe und ihre Bedeutung

Eiweiße sind für den Körper ebenfalls lebenswichtig und müssen deshalb täglich mit der Nahrung aufgenommen werden.

Eiweiß kommt vor allem in Kartoffeln, Nüssen, Bohnen und Getreideprodukten vor *(pflanzliches Eiweiß)*. Auch in Fleisch, Fisch, Eiern, Milch und Milchprodukten findet man Eiweiß *(tierisches Eiweiß)*. Eiweiß wird für den Aufbau und die Erhaltung von Muskeln, Organen und Blut benötigt. Für Kinder und Jugendliche ist eine ausreichende Eiweißzufuhr besonders wichtig. Wachstum ist nämlich immer mit einer Vergrößerung des Eiweißgehaltes verbunden.

Zu den **Kohlenhydraten** gehören verschiedene *Zucker* (Trauben-, Rohr- und Fruchtzucker) und *Stärke* (Kartoffel- und Weizenstärke). In Kartoffeln, Getreide und Obst sind sehr viel Kohlenhydrate enthalten. Diese pflanzlichen Produkte sind Grundlage für andere Nahrungsmittel, z. B. Mehl, Teigwaren, Brot.

Kohlenhydrate sind die **Energielieferanten** für unseren Körper. Sie werden in den Zellen abgebaut. Dabei wird die in den Stoffen enthaltene Energie so umgewandelt, dass sie für Lebensprozesse genutzt werden kann. Sie wird z. B. benötigt für den Aufbau körpereigener Stoffe, für Muskelarbeit, für die Arbeit der Nerven und für die Denkarbeit. Ein anderer Teil wird als Wärmeenergie abgegeben.

Ein Teil der Kohlenhydrate wird vom Körper als Energiereserve in der Leber und in der Muskulatur gespeichert. Nimmt man mehr Kohlenhydrate zu sich,

als der Körper verarbeiten und speichern kann, werden diese überschüssigen Stoffe in Fett umgewandelt und im Körper abgelagert und gespeichert. Das führt dann zum Übergewicht.

Fette sind die energiereichsten Nährstoffe, die du zu dir nimmst. Sie werden wie die Kohlenhydrate hauptsächlich zur Energieversorgung des Körpers genutzt.

Fette sind in Lebensmitteln wie Butter, Margarine, Schmalz, Speck und Öl sichtbar enthalten. Auch in Fleisch, Wurst, Käse, Nüssen, Schokolade und Milch sind Fette vorhanden, aber in versteckter Form.

Wenn man mehr Fett isst, als man an Energie für Bewegungen und Tätigkeiten benötigt, wird das überschüssige Fett im Körper gespeichert. Übergewicht ist die Folge. Sehr viele Erwachsene sind übergewichtig, auch Kinder und Jugendliche. Übergewicht wiederum begünstigt viele Krankheiten, z. B. Bluthochdruck, Arterienverkalkung, die Zuckerkrankheit und Knochenveränderungen.

Ein 12-jähriges Kind benötigt täglich ca. 1,8 g Eiweiß pro Kilogramm Körpergewicht. Ein Ei enthält 7 g Eiweiß.

Körpereigene Fettreserven werden erst abgebaut, wenn die Kohlenhydrate verbraucht sind.

> Kohlenhydrate, Eiweiße und Fette sind Nährstoffe für uns. Diese nehmen wir mit der Nahrung auf. Die Nährstoffe dienen dem Aufbau unseres Körpers und liefern Energie für alle Lebensprozesse. **M**

Aufgaben

1. *Erkläre, warum viele Leistungssportler vor ihren Wettkämpfen kohlenhydratreiche Nahrung zu sich nehmen, z. B. Nudeln.*

2. *Nenne Nahrungsmittel, die besonders viel Stärke, Zucker, Eiweiß und Fett enthalten. Fertige dazu eine Tabelle an.*

3. *Rechne deinen persönlichen täglichen Eiweißbedarf aus. Wie vielen Hühnereiern entspricht das?*

Experiment

Beachte den Arbeitsschutz, wenn du mit Chemiekalien arbeitest.

Untersuche, welche Nahrungsmittel Stärke enthalten.

Materialien:
Stärke, Grieß, Weißbrot, gekochtes Hühnerei, Speck, Würfelzucker, Pipette, Iod-Kaliumiodidlösung ☒ als Nachweismittel, 7 Petrischalen, Spatel

Durchführung:
Gib je eine Spatelspitze oder ein kleines Stückchen der Lebensmittel auf eine Petrischale.
Führe den Stärkenachweis anhand der Abbildung (Auswahl) durch.

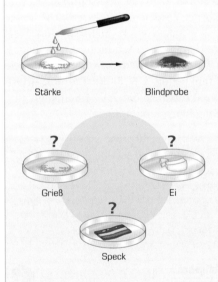

Beobachtungsaufgabe:
Bei welchen Nahrungsmitteln findet eine Farbveränderung statt?
Notiere deine Beobachtungen in einer Tabelle.

Auswertung:
1. Welche Nahrungsmittel enthalten Stärke?
2. Welche Bedeutung hat dieser Nährstoff für den Menschen?

Untersuche mithilfe der Fettfleckprobe, welche Nahrungsmittel Fett enthalten.

Materialien:
Filterpapier, Pipette, Spatel, Bleistift, Lineal, Honig, Leberwurst, Wasser, Speiseöl, Vollmilch, Butter, Selters, Speck

Durchführung:
1. Zeichne mit dem Bleistift auf jedes Filterpapier ein Kreuz auf, sodass vier Felder entstehen.
2. Gib einen Tropfen Wasser auf das Feld 1.
3. Tropfe die Nahrungsmittel auf die drei anderen Felder des Filterpapiers bzw. verschmiere sie (s. Abb.).
4. Halte das Filterpapier gegen das Licht und prüfe, ob ein Fleck zu erkennen ist. Überprüfe nach etwa 10 Minuten.

Beobachtungsaufgabe:
Bei welchen Nahrungsmitteln ist ein Fettfleck erkennbar?

Auswertung:
1. In welchen Nahrungsmitteln ist Fett enthalten?
2. Welche Bedeutung hat dieser Nährstoff für den Menschen?

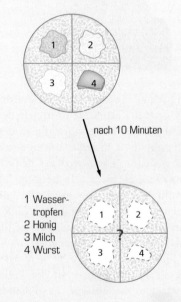

2

Ergänzungsstoffe und ihre Bedeutung

Vitamine müssen täglich mit der Nahrung aufgenommen werden, da unser Körper sie nicht selbst bilden kann. Sie wirken schon in kleinsten Mengen und regeln den Ablauf aller lebenswichtigen Prozesse im Körper.

Über 20 Vitamine sind heute bekannt. Sie werden mit Großbuchstaben bezeichnet, beispielsweise mit A, B, C, D. Einige Vitamine sind wasserlöslich, z. B. Vitamin B und C. Die Vitamine A und D dagegen sind fettlöslich. Für die Zubereitung der Nahrung ist das wichtig.

Jedes Vitamin erfüllt im Körper ganz bestimmte Aufgaben (siehe Tabelle). Fehlen Vitamine, kann es zu Krankheiten oder Störungen im Ablauf von Körperfunktionen kommen.

Vitamine sind empfindlich gegen Umwelteinflüsse. Sie werden durch Licht und Wärme leicht zerstört.

Auch eine lange Lagerung beeinträchtigt die Vitamine. Darum müssen so oft wie möglich frisches und rohes Gemüse sowie Salate gegessen werden. Jugendliche sollten davon jeden Tag 300–350 g zu sich nehmen. Das entspricht vier bis fünf mittelgroßen Äpfeln. Zwei Orangen z. B. decken den täglichen Bedarf an Vitamin C.

1 ▸ Früchte enthalten viel Vitamin C.

Aufgaben

1. *Welche Möglichkeiten gibt es, um zu verhindern, dass Vitamine in Nahrungsmitteln zerstört werden?*

2. *Möhrensalat sollte immer mit ein paar Tropfen Öl angerichtet werden. Begründe deine Antwort.*

3. *Suche aus der Tabelle drei Lebensmittel mit den meisten unterschiedlichen Vitaminen.*

Vitamine	wichtig für ...	z. B. enthalten in ...	Mangel führt zu
Vitamin A	Sehen, Wachstum und Erneuerung der Haut	Leber, Butter, Margarine, Eigelb, Innereien; als Vorstufe „Carotin" in Möhren, Spinat	Wachstumsstörungen, Nachtblindheit, Verhornungserscheinungen
Vitamin B₁	Zuckerabbau im Körper, Funktionieren des Nervensystems	Vollkornbrot, Haferflocken, Naturreis, Kartoffeln, Schweinefleisch, weißen Bohnen, Linsen	Nervenerkrankungen, Lähmungen, Abmagerung, Appetitlosigkeit
Vitamin B₂	Sehen, Haut und Vorgänge im Körper (z. B. Atmung)	Milch, Käse, Eiern, Kartoffeln, Getreideprodukte, Gemüse, Obst, Fleisch, Nieren, Leber, Leberwurst	Hautstörungen, Haarausfall, Bindehautentzündung
Vitamin C	Knochen, Zähne, Blut, Stärkung der Abwehr von Krankheitserregern	Obst, vor allem Zitrusfrüchten und Beerenobst, Kartoffeln, Kopfkohl, Paprikaschoten, Petersilie, rohem Sauerkraut	Gelenk- und Knochenschmerzen, Zahnfleischbluten, Zahnausfall
Vitamin D	Knochen und Zähne	Butter, Margarine, Milch, Käse, Fisch, Leber, Pilzen, Eigelb	Zahnschäden, Knochenverformungen (Rachitis)

Experiment

Nachweis von Vitamin C

Materialien:
5 Becher, Spatel, Pipette, Zitronenpresse, Vitamin-C-Pulver, Zitrone, Orange, Sauerkrautsaft, Vitamin-C-Teststäbchen

Durchführung:
1. Presse die Zitrone und Orange aus und fülle den Saft jeweils in einen Becher. Gib den Sauerkrautsaft in einen dritten Becher. Löse Vitamn-C-Pulver in etwas Wasser (4 Becher).
2. Fülle reines Wasser in einen 5. Becher (Blindprobe).
3. Teste die Proben mit den Vitamin-C-Teststäbchen. Informiere dich dazu zuerst, wie diese Stäbchen benutzt werden.

Beobachtungsaufgabe:
Notiere die Beobachtungsergebnisse in einer Tabelle.

Auswertung:
Erläutere, wozu die Blindprobe dient.
In welchen Nahrungsmitteln konnte Vitamin C nachgewiesen werden?
Informiere dich, welche Auswirkungen ein Mangel an Vitamin C hat.

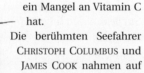

Die berühmten Seefahrer CHRISTOPH COLUMBUS und JAMES COOK nahmen auf ihren monatelangen Reisen Sauerkraut in Fässern mit. Warum machten sie das wohl?

Auch **Mineralstoffe** müssen mit der Nahrung regelmäßig aufgenommen werden. Sie enthalten Elemente, die der Körper in unterschiedlichen Mengen benötigt. Fehlen diese, kommt es zu Krankheiten.

Von den Elementen Calcium, Phosphor, Kalium, Natrium und Magnesium benötigen wir mehr als 1g/Tag. Sie werden deshalb **Mengenelemente** genannt. *Calcium* und *Phosphor* sind Hauptbestandteile der Knochen und Zähne. Calcium kommt vor allem in Milch und Milchprodukten vor, Phosphor in Gemüse.
Kalium und *Natrium* regulieren den Wasserhaushalt des Körpers und werden bei lebensnotwendigen Vorgängen in den Nerven gebraucht. Sie sind in Obst, Gemüse, Milch- und Vollkornprodukten enthalten.
Magnesium reguliert den Rhythmus des Herzens und wird für die Tätigkeit unserer Muskeln und Nerven benötigt. Wir nehmen es mit Milch- und Vollkornprodukten auf.

Andere Elemente, wie Eisen, Iod und Fluor, werden nur geringe Mengen benötigt. Man bezeichnet sie deshalb als **Spurenelemente**. Trotzdem sind sie lebensnotwendig.
Eisen ist im roten Blutfarbstoff enthalten, der den Sauerstoff transportiert.
Iod wird für den richtigen Ablauf von Wachstum und Entwicklung benötigt und *Fluor* kräftigt den Zahnschmelz. Sie sind in Meeresfischen und schwarzem Tee enthalten. Jodsalz und Fluortabletten sollen Mangelerscheinungen vorbeugen.

Aufgabe

Erstelle eine Tabelle zu den Mineralstoffen und ihrer Bedeutung.
Nutze dazu zusätzlich das Internet, Lexika und Lebensmittelverpackungen.

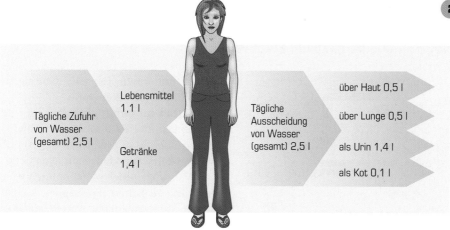

1 ▸ Tägliche Zufuhr und Ausscheidung von Wasser

Wasser ist lebensnotwendig. Ohne feste Nahrung kann ein Mensch länger überleben als ohne Wasser. Über die Hälfte der Körpermasse des Menschen besteht aus Wasser. In Wasser werden im Körper z. B. Nährstoffe, Ergänzungsstoffe und viele andere Stoffe gelöst und transportiert.

Der Körper gibt am Tag ca. 2,5 l Wasser durch Schwitzen, Atmen und den Urin ab. Folglich muss dem Körper ebenso viel Wasser zugeführt werden, z. B. durch die Aufnahme von Nahrungsmitteln und Getränken (Abb. 1).

Obst und Gemüse sind wasserhaltige Nahrungsmittel. Wer viel Obst und Gemüse isst, kann etwas weniger trinken.

Ballaststoffe sind weder überflüssig noch wertlos, obwohl das Wort so klingt. Sie sind die Bestandteile unserer Nahrung, die der menschliche Körper nicht verwerten kann und deshalb wieder ausscheidet. Dazu gehören die vor allem in Pflanzen vorkommenden Holz- und Cellulosefasern. Sie sind für uns unverdaulich, sorgen aber für ausreichende Füllung des Darmes. Sie fördern damit die Darmbewegungen und beugen so der Stuhlverstopfung und Darmträgheit vor.

Ballaststoffe regen zum guten Kauen und damit zum langsamen Essen an.

Nahrungsmittel haben einen unterschiedlichen Gehalt an Ballaststoffen (s. Tab.).

> Ergänzungsstoffe und Wasser sind wichtige Bestandteile unserer Nahrung. Zu den Ergänzungsstoffen gehören Vitamine, Mineralstoffe und Ballaststoffe.

Aufgaben

1. *Erläutere, welche Aufgaben Wasser im Körper erfüllt.*

2. *Begründe folgende Regel: „Gut gekaut ist halb verdaut."*

Der menschliche Körper besteht etwa zu drei Vierteln aus Wasser. Das Blutplasma enthält viel Wasser. Bedingt durch den Blutkreislauf durchströmen an einem Tag 2000 Liter Wasser unsere Nieren.

Gesamtballaststoffgehalt in g pro 100 g Nahrungsmittel (Auswahl)

Wassermelone	0,2	Cornflakes	4,0
Weißreis, gekocht	0,5	Heidelbeeren	4,9
Gurke	0,9	Haferflocken	9,5
Tomaten	1,3	Mandeln	9,8
Butterkeks	1,4	Roggenknäckebrot	14,1
Bienenstich	1,7	Haferspeisekleie	18,6
Birne	2,8	Weizenspeisekleie	49,3

Regeln für eine gesunde Ernährung

1 ▶ Im Nahrungsmittelkreis entspricht die Größe der Kreisausschnitte dem benötigten Anteil der jeweiligen Nahrungsmittelgruppe.

Grundlage von Gesundheit und Wohlbefinden ist eine vielseitige und vollwertige Ernährung. „Vollwertig" bedeutet, dass die Nahrung alle lebensnotwendigen Nährstoffe und Ergänzungsstoffe in der richtigen Menge enthält. Diese Bedingung erfüllt kein einzelnes Nahrungsmittel allein. Jedes Nahrungsmittel enthält immer nur einen Teil aller benötigten Nähr- und Ergänzungsstoffe.

Im „**Nahrungsmittelkreis**" sind die Nahrungsmittel in 8 Gruppen (Abb. 1) eingeordnet. Man ernährt sich „gesund" (vollwertig), wenn täglich aus allen Gruppen Nahrungsmittel aufgenommen werden. Im täglichen Speiseplan sollten immer unterschiedliche Anteile aus diesen Gruppen enthalten sein.

Einseitige Ernährung schadet auf Dauer unserem Körper, da bestimmte Stoffe im Übermaß aufgenommen werden, andere lebensnotwendige Stoffe aber fehlen.

Aufgrund der Bedeutung der einzelnen Nährstoffe und Ergänzungsstoffe kann man einige **Grundregeln für eine gesunde Ernährung** ableiten. Natürlich darf man auch Lieblingsspeisen haben.

Sich *gesund zu ernähren* bedeutet nicht nur, den Speiseplan vielfältig zu gestalten. Damit der Körper die notwendige Energie zur Verfügung hat, sollte man auch zur richtigen Zeit essen. Die Energiereserven sind nach dem Schlaf größtenteils aufgebraucht und müssen eigentlich durch ein Frühstück ersetzt werden.

Grundregeln für eine gesunde Ernährung (Beispiele)

1. Stelle deinen Speiseplan vielfältig zusammen. Achte dabei auf eine abwechslungsreiche und vollwertige Kost.
2. Verzehre weniger Fett und fettreiche Nahrungsmittel, denn zu viel Fett macht fett.
3. Bevorzuge Kräuter und Gewürze, vermeide zu viel Salz.
4. Iss reichlich Vollkornprodukte, Gemüse, Kartoffeln und Obst, denn sie liefern Nährstoffe, Vitamine, Mineral- und Ballaststoffe.
5. Vermeide zu viel Zucker und Süßigkeiten, denn zu viel Zucker wird vom Körper in Fett umgewandelt und gespeichert. Außerdem fördert der Zucker in den Nahrungsmitteln die Entstehung von Karies.
6. Achte auf eine schonende Zubereitung der Nahrung, damit Nährstoffe, Vitamine und Mineralstoffe nicht durch zu langes Kochen, Wiederaufwärmen und durch die Verwendung von zu viel Wasser beim Garen zerstört werden.
7. Iss anstelle der üblichen drei großen Hauptmahlzeiten lieber fünf kleinere Mahlzeiten.
8. Trinke ausreichend. Vermeide zuckerhaltige Getränke.
9. Nimm dir Zeit für deine Mahlzeiten, iss in Ruhe und ohne Hektik.

Wer morgens absolut nichts essen mag, der sollte dann wenigstens warme Milch oder Kakao trinken und gleich in der ersten Pause eine Kleinigkeit essen. Nur so kann man in der Schule leistungsfähig sein!

Zwischen den drei Hauptmahlzeiten sollte man am Vormittag und Nachmittag jeweils eine Zwischenmahlzeit einschieben. Diese beugen Leistungsabfall und frühzeitiger Ermüdung vor.

Aufgaben

1. *Überprüfe dein Essverhalten. Ernährst du dich gesund?*

2. *Zucker steckt in vielen Lebensmitteln. Ermittle einige Beispiele. Lies dir dazu die Etiketten der Lebensmittel durch.*

3. *Erläutere die Notwendigkeit eines ausgewogenen Frühstücks.*

4. *Erläutere, welche gesundheitlichen Auswirkungen falsche Ernährungsweisen für den Körper haben könnten. Erstelle ein Poster zum Thema „Falsche Ernährung und ihre Folgen".*

Ess-Störungen

Es gibt viele Menschen, die Ess-Störungen haben. Ess-Störungen sind ernsthafte Erkrankungen.
Zu den Ess-Störungen gehören u. a. Magersucht, Ess-Brech-Sucht und Fettsucht.

Magersucht
Das wichtigste Merkmal dieser Ess-Störung ist die extreme Gewichtsabnahme. Die betroffenen Mädchen und Jungen erreichen das, indem sie ganz kontrolliert und eingeschränkt essen.
Körperliche Folgeschäden der Magersucht sind u. a. das Absinken des Stoffwechsels, des Pulses, des Blutdrucks sowie der Körpertemperatur. Dies führt zur Müdigkeit, zum ständigen Frieren und zur Verstopfung. Ist das Körpergewicht zu gering, kann der Kreislauf zusammenbrechen. Magersucht kann auch Langzeitschäden zur Folge haben. Das sind z. B. das Schrumpfen und Rückbilden von inneren Organen.

Bulimie
(Ess-Brech-Sucht): Hauptmerkmal dieser Ess-Störung sind die sich wiederholenden „Fressanfälle".

Danach versuchen die Erkrankten z. B. durch selbst herbeigeführtes Erbrechen oder durch Abführmittel eine Gewichtszunahme zu verhindern.
Körperliche Schäden sind die Folgen. Dazu gehören z. B. Schwellungen der Speicheldrüsen, Zerstörung der Schleimhäute von Speiseröhre und Magen.

Fettsucht
Äußeres Merkmal dieser Ess-Störung ist das Übergewicht. Ursache dafür ist das regelmäßige Zuvielessen, aber auch Diätkuren, die anschließend zu Essanfällen führen. Ess-Süchtige essen nicht, weil sie Hunger haben. Sie essen z. B. aus Trauer, Wut, Langeweile, Einsamkeit, Ärger oder auch Überforderung.
Die *körperlichen Folgen* des Übergewichtes verursachen u. a. Bluthochdruck und eine Überbelastung des Herzens.
Die Überbelastung des Skeletts kann Gelenkleiden und Wirbelsäulenschäden zur Folge haben.

Alle Ess-Störungen kann man nur mithilfe eines Arztes oder einer therapeutischen Behandlung heilen. Unterstützung findet man auch in Selbsthilfegruppen.

Projekt

Gesunde Ernährung

Für den Menschen ist Essen nicht nur eine biologische Notwendigkeit. Jeder hat sicher schon mal erlebt, dass Angst vor einer Arbeit oder das Zeigen einer schlechten Note ganz schön „auf den Magen schlagen" oder auch zum „Frustessen" verleiten können. Andererseits sagt man „Liebe geht durch den Magen". Mit Freunden gemeinsam ein Essen zuzubereiten macht Spaß und es schmeckt auch besser, als wenn man ganz allein isst.

1. Organisieren einer gemeinsamen kalten Zwischenmahlzeit im Klassenzimmer

- Drei bis fünf Mädchen und Jungen bilden eine Tischgemeinschaft.
- Trefft eine Absprache, welche Salate mit Obst oder Gemüse nach Rezept oder kreativ zubereitet werden und wer was mitbringt (z. B. Apfel, Tomate, Gurke, Dressing, Knäckebrot, Quark, Gewürze, Salatbesteck, Schüssel, Schälmesser, Schneidebrett, Küchenwaage usw.)
- Jeder bringt außerdem zwei Probierschälchen und Löffel zur vergleichenden Verkostung mit.
- Obst und Gemüse werden frisch geschält bzw. geschnitten und gemixt.
- Eine Jury, bestehend aus zwei bis drei Schülern, könnte mit geschlossenen Augen Salate verkosten und Anerkennungen für besonders gut zubereitete und schmackhafte Angebote vergeben.

2. Fast Food – esse ich korrekt?

Wörtlich übersetzt bedeutet „Fast Food" „schnelles Essen". In den letzten Jahren hat „Fast Food" viele Freunde gefunden. Neben den bekannten Hamburgern, Pommes, Dönern und Bratwürsten gibt es auch belegte Brötchen, Suppen, diverse Salate. Fast Food sind also alle Speisen, die sich für ein Essen auf die Schnelle eignen. Damit ist auch ein Apfel, ein Pausenbrot oder ein Glas Buttermilch gemeint.

Fast Food ist nicht generell ungesund oder gesund. Hier entscheidet die Zusammensetzung, ob eine Fast-Food-Mahlzeit ausgewogen ist. Sie sollte fettarm sein oder neben den fettreichen auch fettarme Zutaten ausreichend enthalten, z. B. Gemüse, Obst, Brot, Nudeln, Reis usw.

Auf dem Mittagstisch stehen ein Hamburger und eine Cola.
- Ordnet die Zutaten des Hamburgers und der Cola jeweils einer Lebensmittelgruppe des Ernährungskreises zu.
- Welche Lebensmittelgruppen sind nicht oder nur in geringem Maße in dem Mittagessen vertreten?
- Bewertet das Fast-Food-Essen mit dem Ernährungskreis.
- Überlegt, durch welche Nahrungsmittel das Mittagessen zu einem vollwertigem Fast Food aufgepeppt werden kann!
- Organisiert ein vollwertiges Fast-Food-Frühstück. Lasst es euch schmecken. Macht ein Foto davon.

3. Ein amerikanisches Frühstück – ist das gesund?

Jerry liebt amerikanisches Frühstück! „So bin ich fit für den Tag und außerdem lange satt!"
Jeden Morgen isst er:
Einen Hamburger; eine Orange; drei gekochte Eier; vier Eierkuchen mit Ahornsirup und Eis, gebraten in Öl oder Butter; drei Hälften „French Toast" (In Eiern, Milch und Vanillezucker gewälzter Toast, der von beiden Seiten in Butter gebraten wird.); ein Glas Milch; ein Glas Orangensaft

- Ordnet die Nahrungsmittel den Nahrungsmittelgruppen zu.
  Welche Nahrungsmittelgruppen sind nicht vertreten?
- Lest die Grundregeln für eine gesunde Ernährung und beantwortet die obige Frage: Ein amerikanisches Frühstück – ist das gesund? Begründet eure Antwort.
- Stellt euch vor, ihr seid Ernährungswissenschaftler. Sollte Jerry auf sein geliebtes Frühstück künftig verzichten? Welche Ratschläge gebt ihr ihm? Begründet.

4. Die Fundgrube für eine gesunde Ernährung

Die Ernährungsgewohnheiten von früher und heute zeigen große Unterschiede. Um 1900 war es für viele Menschen wichtig:
– regelmäßig zu festen Zeiten zu essen;
– sparsam mit Lebensmitteln umzugehen;
– saisonabhängig die Speisen auszuwählen;
– nur an Festtagen reichhaltige und schmackhafte Gerichte zu verzehren;
– dem Fleisch einen besonderen Wert beizumessen.

Diese Ernährungsgewohnheiten ergaben sich daraus, dass die Lebensmittel nicht ständig zur Verfügung standen. Fleisch war teuer, Obst und Gemüse gab es nur zu den entsprechenden Jahreszeiten, ansonsten hat man sich mithilfe von haltbar gemachten Lebensmitteln ernährt. Fast Food gab es nicht, in jedem Haushalt wurde selbst gekocht.
Heute steht uns ständig eine reichhaltige Auswahl an Lebensmitteln zur Verfügung.

Tipp: Viele Krankenkassen stellen kostenloses und aktuelles Material zur Verfügung!

- Legt einen „Kalender" an, in dem für jeden Monat die Obst- und Gemüsesorten verzeichnet sind, die in Deutschland bzw. Europa geerntet werden können.
- Vergleicht frühere Ernährungsgewohnheiten mit denen eurer Familie. Gibt es Unterschiede innerhalb der Klasse?
- Diskutiert, wie Werbung im Fernsehen und in Zeitschriften eure Nahrungsmittelauswahl beeinflusst.
- Legt euch zum Thema Ernährung eine kleine Broschüren- und Zeitschriftensammlung mit einem Verzeichnis, einem Register und einem Glossar wichtiger Fachbegriffe an.

Struktur und Funktion der Verdauungsorgane

Verdauung – Umwandlung der Nährstoffe

Kohlenhydrate, Fette und Eiweiße sind in Wasser nicht oder nur schwer löslich. Das Transportmittel für Nährstoffe im Körper ist aber eine wässrige Lösung, nämlich das Blut. Damit die Nährstoffe in alle Organe und Zellen gelangen können, müssen sie in wasserlösliche Bausteine zerlegt werden. Diese Zerlegung findet schrittweise statt. Diesen Vorgang nennt man **Verdauung**.

Gesteuert wird die Verdauung von verschiedenen **Wirkstoffen** (Enzyme). Diese Stoffe sind in den **Verdauungssäften** wie Mundspeichel, Magensaft, Bauchspeichel und Dünndarmsaft enthalten. Sie spalten die Verbindungsstellen zwischen den Nährstoffbausteinen auf (s. S. 65) und wirken am besten bei Körpertemperatur.

Für die Verdauung der **Fette** ist außerdem noch Gallensaft wichtig, der die großen Fetttropfen in viele kleine zerteilt.

Stärke ist ein Kohlenhydrat. Durch die Wirkstoffe wird die Stärke in ihre kleinsten wasserlöslichen Bestandteile – in Traubenzucker – zerlegt.

Fette werden durch die Wirkstoffe in Glycerol und Fettsäuren umgewandelt.

Die kleinsten wasserlöslichen Bestandteile der Eiweiße sind Aminosäuren. Auch Eiweiße werden durch Wirkstoffe aufgespalten.

Der Weg der Nahrung im Körper

Die aufgenommene Nahrung durchwandert in unserem Körper mehrere **Verdauungsorgane** (Abb. 1, S. 63).

Jedes Verdauungsorgan erfüllt dabei eine ganz bestimmte Funktion und ist durch seinen besonderen Bau dafür bestens gerüstet.

1 In der **Mundhöhle** wird die Nahrung durch die **Zähne** zerkleinert. Die Zunge bewegt die Nahrungsbrocken dabei hin und her.

Experiment

Nachweis der Löslichkeit von Stärke und Traubenzucker in Wasser

Materialien:
2 Reagenzgläser, Stopfen, Wasserflasche, Spatel, Stärke, Traubenzucker

Durchführung:
Gib eine Spatelspitze Stärke und eine Spatelspitze Traubenzucker in je ein Reagenzglas. Gib 5 ml Wasser hinzu und schüttle kräftig.

Beobachtungsaufgabe:
Betrachte die Gemische in den Reagenzgläsern vor und nach dem Schütteln. Treten Veränderungen in beiden Reagenzgläsern auf? Notiere deine Beobachtungsergebnisse.

Auswertung:
1. Vergleiche die Löslichkeit von Stärke und Traubenzucker in Wasser.
2. Erkläre, warum Stärke nicht im Blut transportiert werden kann.

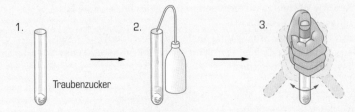

1.   2.   3.

Traubenzucker

2 Speicheldrüsen sondern Mundspeichel ab, dadurch werden die Nahrungsbrocken aufgeweicht und gleitfähig gemacht. Im Speichel ist ein Wirkstoff enthalten, der Kohlenhydrate (Stärke) in wasserlösliche kleine Bausteine zerlegt.

3 Die **Speiseröhre** ist ein muskulöser 25 cm langer Schlauch, durch den der Nahrungsbrei mithilfe wellenförmiger Muskelbewegungen in den Magen transportiert wird.

4 Die Innenwand des **Magens** ist stark gefaltet (ca. 35 Millionen Vertiefungen) und von vielen Drüsen durchsetzt. Diese sondern den *Magensaft* ab. Magensaft enthält eiweißverdauende Wirkstoffe, Salzsäure und Magenschleim. Der Magenschleim schützt die Magenwand vor der Selbstverdauung. Die Salzsäure tötet Krankheitserreger ab, beendet die Kohlenhydratverdauung und säuert den Nahrungsbrei an. Dadurch können die eiweißabbauenden Wirkstoffe besser arbeiten. Die kräftigen Muskeln der Magenwand ziehen sich regelmäßig zusammen. Dadurch wird der Nahrungsbrei durchmischt und in den Zwölffingerdarm gedrückt.

5 Der **Zwölffingerdarm** ist der erste Abschnitt des Dünndarms.

6 In der **Leber** wird Gallensaft gebildet

7 und in der **Gallenblase** gespeichert. Zur Verdauung der Fette wird der Gallensaft bei Bedarf in den Zwölffingerdarm abgegeben.

8 Die **Bauchspeicheldrüse** stellt Bauchspeichel (täglich 1,5 Liter) her. Dieser wird in den Zwölffingerdarm zur Verdauung aller Nährstoffe, wie Stärke, Fette und Eiweiße, abgegeben.

9 Drüsen im **Dünndarm** sondern Darmsaft ab. Hier wird die Verdauung abgeschlossen. Die kleinsten wasserlöslichen Bestandteile, ebenso Vitamine und Mineralstoffe, gehen vom Dünndarm in das Blut über. Die Oberfläche des Dünndarms ist durch viele Ausstülpungen (Zotten) vergrößert. Dies begünstigt die Aufnahme der Stoffe in das Blut.

10 Im **Dickdarm** wird dem nährstoffarmen, dünnflüssigen Nahrungsbrei das Wasser entzogen (ca. 5 Liter pro Tag). Er wird eingedickt. Durch Darmbewegungen wird der Nahrungsbrei zum Mastdarm transportiert.

11 Die unverdaulichen Reste werden im **Mastdarm** gesammelt und als Kot abgegeben.

12 Der Schließmuskel des **Afters** reguliert die Entleerung des Darmes.

Pro Tag werden 6 l Verdauungssäfte produziert. Davon sind 2 l Mundspeichel. Im Laufe eines Menschenlebens werden 50 000 l Mundspeichel produziert – damit könnte mann 250 Badewannen füllen!

1 ▸ Weg der Nahrung im Körper

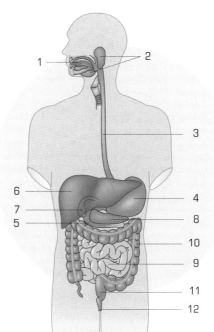

Zähne und Zahnpflege

Bau der Zähne

Schneidezahn

Eckzahn

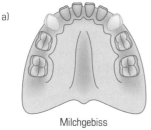

Backenzahn

Die in den Mund aufgenommene Nahrung wird mithilfe unserer Zähne zerkleinert.

Gegen Ende des ersten Lebensjahres erscheinen beim Säugling die ersten Zähne, die Schneidezähne. Ab dem zweiten bis zum sechsten Lebensjahr haben wir unser erstes Gebiss, das **Milchgebiss.** Es umfasst 20 Zähne (s. Abb. 1a).

Man unterscheidet drei unterschiedlich gebaute Zahngruppen: *Schneidezähne, Eckzähne* und *Backenzähne.* Ab dem sechsten Lebensjahr bilden sich neue Zähne im Kiefer, die die Milchzähne nach und nach ersetzen. Ein **Zahnwechsel** findet statt. Das Gebiss des Erwachsenen, das **Dauergebiss,** besteht aus 32 Zähnen, im Ober- und Unterkiefer jeweils aus vier Schneidezähnen, zwei *Eckzähnen,* acht *Backenzähnen* und zwei *Weisheitszähnen* (Abb. 1b).

Zähne putzen: mindestens drei Minuten lang, mit kreisenden Bewegungen vom Zahnfleisch weg (von rot nach weiß)

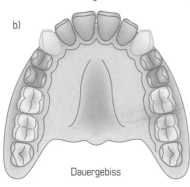

a)

Milchgebiss

b)

Schneidezähne

Eckzähne

vordere Backenzähne

hintere Backenzähne

Weisheitszahn

Dauergebiss

1 ▸ Menschliches Gebiss: a) Milchgebis b) Dauergebiss

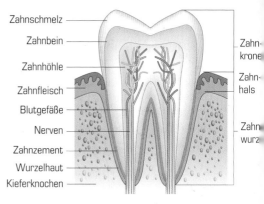

Zahnschmelz — Zahnbein — Zahnhöhle — Zahnfleisch — Blutgefäße — Nerven — Zahnzement — Wurzelhaut — Kieferknochen — Zahnkrone — Zahnhals — Zahnwurz

2 ▸ Backenzahn (Längsschnitt)

Zahnpflege

Bereits das Milchgebiss sollte regelmäßig gepflegt werden. Nach dem Essen von Süßigkeiten ist Zähneputzen in jedem Alter Pflicht. Wichtig ist auch das Zähneputzen nach den Mahlzeiten und vor dem Schlafengehen. Vergisst man, sich dann die Zähne zu putzen, entsteht Zahnbelag, der Speichelbestandteile, Speisereste und Bakterien enthält. Bakterien verarbeiten die Kohlenhydrate (v.a. den Zucker) der Speisereste, um Säuren zu entwickeln, die den Zahnschmelz, das Zahnbein, das Zahnfleisch und die Zahnwurzel angreifen. Die entstehenden Löcher können sich bis in die Zahnhöhle ausbreiten und Schmerzen hervorrufen.

Man spricht in diesem Zusammenhang auch von **Zahnfäule** bzw. **Karies.** Wenn das Zahnfleisch entzündet ist und sich befallene Zähne sogar lockern, nennt man das **Parodontose.**

Eine richtige Ernährung (z. B. Kauen von Vollkornbrot, rohem Obst, Gemüse und anderer fester Nahrung), eine gründliche bzw. richtige Reinigung der Zähne (z. B. auch durch die Verwendung von Zahnseide) und regelmäßige Zahnarztbesuche und Vorsorgeuntersuchungen tragen wesentlich zur **Gesunderhaltung deiner Zähne** bei. Kieferorthopäden können eine Fehlstellung der Zähne feststellen und als Therapie das Tragen einer **Zahnspange** verschreiben.

Basiskonzept

Stoffe

Alle Gegenstände und Lebewesen bestehen aus Stoffen. Verschiedene Stoffe haben unterschiedliche Eigenschaften.

Die Stoffe selbst bestehen aus **Teilchen.** Diese haben unterschiedliche Größen und sind unterschiedlich gebaut. Die Teilchen bewirken die Eigenschaften der Stoffe.

Werden Stoffe umgewandelt, ändern sich die Teilchen und damit auch die Eigenschaften der Stoffe.

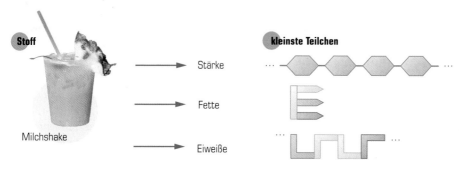

Stoffumwandlung bei der Verdauung

Unser Körper kann keine großen Teilchen aufnehmen und im Blut transportieren, sondern nur kleine Teilchen, die wasserlöslich sind.

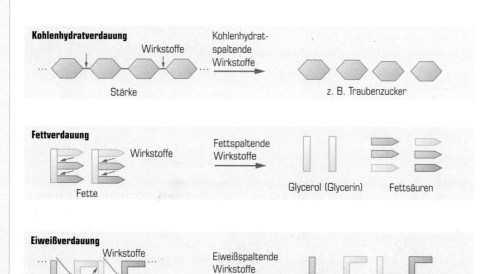

 Überlege, in welchen Lebensmitteln folgende Stoffe besonders häufig vorkommen: Eiweiße, Kohlenhydrate und Fette.

Atmung und Atmungsorgane

Atmest du einmal bewusst tief ein und aus, bemerkst du, dass dein Brustkorb sich bewegt.

Beim Einatmen vergrößert sich der Brustraum, weil sich der Brustkorb hebt und das Zwerchfell senkt. Durch den enstandenen Unterdruck strömt Luft ein. Beim Ausatmen senkt sich der Brustkorb und das Zwerchfell hebt sich. Der Brustraum wird verkleinert. Die Luft strömt durch den Überdruck aus (s. Abb. 1).

Luft ist ein Gemisch aus verschiedenen Gasen wie Stickstoff (fast vier Fünftel), Sauerstoff (ein Fünftel), Kohlenstoffdioxid, Edelgasen und anderen.

Im Kehlkopf sitzen die Stimmbänder, mit denen alle Laute erzeugt werden – aber erst beim Ausatmen.

Für die Atmung sind aber nur zwei Gase von Bedeutung: **Sauerstoff** und **Kohlenstoffdioxid.**

In der Einatemluft ist mehr *Sauerstoff* enthalten als in der Ausatemluft. Mit jedem Atemzug nehmen wir ihn auf. Er gelangt über den Mund- und Rachenraum und die Luftröhre in die Lungen mit den Lungenbläschen. Durch die dünne, feuchte Wand der Lungenbläschen wird Sauerstoff in die Blutgefäße gegeben. Die anderen Bestandteile der Luft bleiben in den Lungenbläschen zurück.

Sauerstoff wird mit dem Blut in alle Teile des Körpers transportiert. Dort wird er aus dem Blut in die Zellen abgegeben.

In der Zelle wird der Sauerstoff benötigt, um die körperfremden Nährstoffe abzubauen. Die in diesen Stoffen, z. B. im Traubenzucker, enthaltene chemische Energie wird dabei in Energie umgewandelt, die für Lebensprozesse (z. B. Ballspielen, Laufen, Rechnen, Sprechen) genutzt werden kann.

Bei diesem Vorgang wird der Sauerstoff verbraucht. Kohlenstoffdioxid wird gebildet. Kohlenstoffdioxid ist für den Körper schädlich. Es muss daher möglichst schnell aus dem Körper entfernt werden. Diesen Transport übernimmt wieder das Blut.

Das Kohlenstoffdioxid in der Ausatemluft kann man in einem einfachen Versuch nachweisen (s. S. 67).

> Zwischen Lungenbläschen und Blut findet ein **Gasaustausch** statt. Sauerstoff gelangt in den Körper, Kohlenstoffdioxid aus dem Körper. Ⓜ

Aufgaben

1. *Kommt man in einen ungelüfteten Klassenraum, wird man leicht müde und bekommt vielleicht sogar Kopfschmerzen. Erkläre diese Erscheinung.*

2. *Informiere dich über die Eigenschaften von Sauerstoff und Kohlenstoffdioxid in einem Lexikon oder im Internet.*

3. *Lege dich flach auf den Rücken und halte dabei beide Hände auf Brust und Bauch. Achte auf die Veränderungen an deinem Körper, wenn du ein- bzw. ausatmest. Beschreibe und erkläre.*

1 ▸ Atembewegung

a) Einatmen   b) Ausatmen

Experimente

1. Modell zur Veranschaulichung der Zwerchfellatmung (Bauchatmung)

Mithilfe von Modellen werden schwierige Sachverhalte verständlich und anschaulich gemacht. Einige Modelle zeigen nur den Bau eines Objektes, andere zeigen, wie ein Vorgang funktioniert.

Das unten abgebildete Modell soll helfen zu erklären, wie sich durch die Bewegungen des Zwerchfells die Druckverhältnisse im Brustraum ändern.

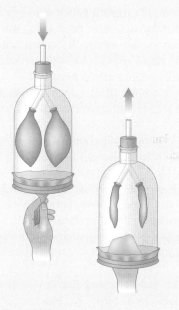

a) Schau dir das Modell genau an. Welche Teile des menschlichen Atmungssystems entsprechen denen im Modell?
b) Beschreibe, was passiert, wenn du das untere Gummituch nach unten ziehst.
c) Beschreibe, was passiert, wenn du mit der Faust in das untere Gummituch drückst.
d) Übertrage deine Beobachtungen auf die Atmungsorgane.
e) Was kann man mit dem Modell nicht darstellen? Welche Unterschiede bestehen im Gegensatz zum Original?

2. Kalkwasser als Nachweismittel

Kalkwasser ist eine klare Flüssigkeit.

Materialien:
2 Bechergläser, Gummischläuche, Leitungswasser, kohlenstoffdioxidhaltiges Getränk (z. B. Mineralwasser), Schutzbrille, Kalkwasser

Durchführung:
Führe den Versuch nach der Abbildung durch, beobachte und notiere. Wiederhole den Versuch, indem du anstelle von Kalkwasser Leitungswasser in das Becherglas gibst.

Beobachtung:
Unter welchen Bedingungen trübt sich Kalkwasser? Ziehe eine Schlussfolgerung aus deiner Beobachtung.

Kalkwasser

Mineralwasser

Kalkwasser ist ätzend. Arbeite vorsichtig und trage eine Schutzbrille!

3. Untersuche Ein- und Ausatemluft auf den Gehalt an Kohlenstoffdioxid.

Materialien:
2 Bechergläser, Gummischläuche, Handblasebalg, Strohhalm, Kalkwasser, Schutzbrille

Durchführung:

Umgebungsluft

Ausatemluft

Kalkwasser

Beobachtung und Auswertung:
1. Welche Veränderungen in den Bechergläsern stellst du fest?
2. Wie hat sich die ausgeatmete Luft gegenüber der Umgebungsluft verändert? Ziehe eine Schlussfolgerung.

Bau und Funktion der Atmungsorgane

Die **Atmungsorgane** (Abb. 1) sorgen dafür, dass die Einatemluft in den Körper und die Ausatemluft aus dem Körper gelangen. Beim *Einatmen* strömt die Luft über die Mund- oder Nasenhöhlen, den Rachenraum in die Luftröhre. Von dort gelangt sie durch die Bronchien in alle Teile der Lunge. Beim *Ausatmen* ist der Weg umgekehrt.

Die einzelnen Atmungsorgane sind so gebaut, dass sie ihre Funktion besonders gut erfüllen können.

Alle ausgebreiteten Lungenbläschen hätten nebeneinander gelegt eine Fläche von ca. 8 m Breite und 10 m Länge.

Die **Nase** wirkt wie ein Filter. In den *Nasenlöchern* befinden sich kurze, borstenartige Härchen, die gröbere Staubteilchen der Einatemluft abfangen. Die feuchte Schleimhaut in den Nasenhöhlen feuchtet die eingeatmete Luft an, wärmt sie vor und reinigt sie von Staubteilchen.

Die **Luftröhre** ist ein etwa 10 cm bis 12 cm langes elastisches Rohr. Die Wand der Luftröhre ist durch querverlaufende Knorpelspangen verstärkt. Diese verhindern, dass die Luftröhre zusammengedrückt und dadurch die Atmung behindert wird.

Beim Schlucken von Nahrung legt sich der Kehldeckel über den Kehlkopfeingang und verschließt die Luftröhre.

Die Innenseite der Luftröhre ist mit einer dünnen Schleimhaut mit beweglichen Flimmerhärchen ausgekleidet. Mit ihnen werden aus der eingeatmeten Luft weitere Staubteilchen herausgefiltert und mit dem Schleim über den Rachenraum nach außen befördert.

Die Luftröhre gabelt sich an ihren Enden in zwei Äste, die **Bronchien.**

In den **Lungenflügeln** verzweigen und verästeln sich die Bronchien wie ein Baum immer weiter. Sie enden schließlich in der Lunge in den winzigen mit Luft gefüllten Lungenbläschen.

Die menschliche Lunge enthält etwa 300 bis 500 Millionen Lungenbläschen.

Ein **Lungenbläschen** hat einen Durchmesser zwischen 0,1 mm und 0,3 mm. Mit bloßem Auge wäre es gerade noch erkennbar. Es hat eine dünne Wand und ist von einem Netz feiner Blutgefäße (Blutkapillaren) umgeben. Zwischen den Lungenbläschen und dem Blut findet der *Austausch der Atemgase* statt.

Die Aufgliederung der Lunge in Lungenbläschen führt zu einer enormen **Vergrößerung** ihrer **inneren Oberfläche**.

Dieses **Prinzip der Oberflächenvergrößerung** spielt in der Biologie eine wichtige Rolle.

Aufgaben

1. *Wir atmen entweder durch die Nase oder durch den Mund. Welche Vorteile hat die eine, welche die andere Art?*

2. *Wenn man ein Stück Lunge von einem Schwein in eine Schüssel mit Wasser legt, schwimmt sie oben. Erkläre, wie es dazu kommt.*

Nasenhöhle
Rachenraum
Kehlkopf
Luftröhre
Bronchien
Brustraum
Lungenflügel aus Lungenbläschen

1 ▸ Die Atmungsorgane sind mit einer dünnen Schleimschicht ausgekleidet.

2

Bau und Funktion

Lebewesen sind faszinierend. Sie bewegen sich und pflanzen sich fort. Sie wachsen und entwickeln sich. Pflanzen und Tiere atmen. Alle Lebewesen nehmen Informationen auf, verarbeiten sie und reagieren.

Dazu müssen alle Teile des Körpers funktionieren. Es ist verblüffend, wie gut z. B. Organe ihre Funktion erfüllen. Das wird durch einen speziellen Bau ermöglicht. Es besteht immer ein Zusammenhang zwischen Bau (Wie?) und Funktion (Wozu?).

Bau und Funktion der Lunge des Menschen

Bau

Funktion

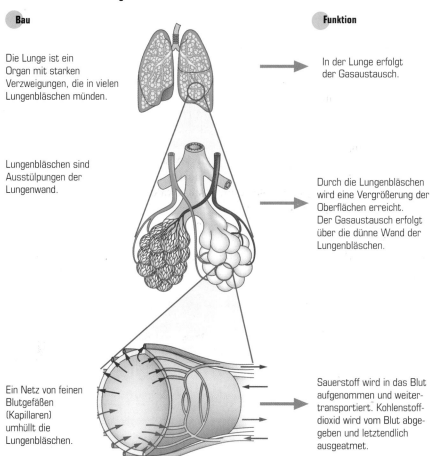

Die Lunge ist ein Organ mit starken Verzweigungen, die in vielen Lungenbläschen münden.

In der Lunge erfolgt der Gasaustausch.

Lungenbläschen sind Ausstülpungen der Lungenwand.

Durch die Lungenbläschen wird eine Vergrößerung der Oberflächen erreicht. Der Gasaustausch erfolgt über die dünne Wand der Lungenbläschen.

Ein Netz von feinen Blutgefäßen (Kapillaren) umhüllt die Lungenbläschen.

Sauerstoff wird in das Blut aufgenommen und weitertransportiert. Kohlenstoffdioxid wird vom Blut abgegeben und letztendlich ausgeatmet.

Je größer die Oberfläche, desto mehr Sauerstoff- und Kohlenstoffdioxidteilchen können ausgetauscht werden.

 Finde weiter Beispiele für das Prinzip der Oberflächenvergrößerung.

Nahrung und Energie

Wir nehmen täglich Nahrung auf und atmen ständig. Trotzdem macht sich kaum jemand Gedanken darüber, warum Nährstoffe und der Sauerstoff aus der Luft für uns lebensnotwendig sind.

Warum verhungern wir, wenn eine Zeit lang keine Nahrungszufuhr erfolgt und warum ersticken wir, wenn wir nicht Luft holen können? Was passiert eigentlich mit den Stoffen im Körper?

Die mit der Nahrung aufgenommenen Nährstoffe werden in kleinste wasserlösliche Teilchen zerlegt, im Dünndarm in das Blut aufgenommen und vom Blut dahin transportiert, wo sie im Körper benötigt werden.

Ständig werden in unserem Körper eigene Stoffe aufgebaut. Nur so ist es möglich, dass wir wachsen, Muskeln aufgebaut werden können und abgestorbene Zellen ersetzt werden. Ein Teil der aufgenommenen Stoffe dient also als **Baustoffe** für unseren Körper.

Ein großer Teil der aufgenommenen Stoffe hat aber eine andere Funktion. Sie **liefern Energie.** Die Energie wird für die Atmung, für Bewegungen, für die Aufrechterhaltung unserer Körpertemperatur, also für alle Lebensprozesse benötigt.

Bei der Verbrennung von Zucker mithilfe von Asche wird chemische Energie in Lichtenergie und Wärme umgewandelt.

Der Energiegehalt der Nahrungsmittel ist unterschiedlich. Obst liefert nicht so viel Energie wie die gleiche Menge Zucker oder Fett.

Auf Lebensmitteln ist oft angegeben, welche Energie im Körper aus ihnen freigesetzt werden kann. Der Wert wird als **Brennwert** bezeichnet und in Kilojoule (kJ) angegeben. Der Brennwert wird durch die gemessene Wärme ermittelt, die bei der Nahrungsmittelverbrennung abgegeben wird.

In unseren Zellen werden Fette und Kohlenhydrate natürlich nicht mit offenem Feuer verbrannt, sondern unter Wirkung von Enzymen bei Körpertemperatur abgebaut.

Ähnlich wie bei einer Verbrennung erfolgt jedoch auch eine Umsetzung mit Sauerstoff. Dabei entsteht u. a. Kohlenstoffdioxid. Wärme und nutzbare Energie werden freigesetzt. Diesen Stoffwechselprozess nennt man **Zellatmung.**

Wird nicht ausreichend Sauerstoff zu den Zellen transportiert, kann dieser Prozess nicht stattfinden. Ohne Energie kann jedoch kein Organ unseres Körpers arbeiten.

> **Die aufgenommenen Nährstoffe dienen als Baustoffe und Energielieferanten. Für den Abbau zur Energiefreisetzung wird Sauerstoff benötigt.** Ⓜ

Was ist Energie?

Energie ist die Fähigkeit eines Körpers, mechanische Arbeit zu verrichten, Licht auszusenden oder Wärme abzugeben.

Energie ist in unterschiedlichen Energieträgern und Energiequellen gespeichert. Man unterscheidet verschiedene Energieformen, z. B. mechanische Energie, Kernenergie, magnetische Energie u. a.

Lichtenergie

elektrische Energie

chemische Energie

Energie

Energie wird weder verbraucht noch geht sie verloren. Es wird auch keine Energie gewonnen oder gebildet. Es wird immer nur eine Energieform in eine andere umgewandelt. So wird beispielsweise die Lageenergie von Wasser (Speichersee) in Bewegungsenergie (Turbine) und dann mithilfe von Generatoren in elektrische Energie umgewandelt. Bei der Verbrennung von Holz im Kamin wird ein Teil der chemischen Energie in Lichtenergie und Wärme umgewandelt. Lebewesen brauchen Energie für alle Lebensvorgänge. Die notwendige Energie müssen sie aus der Umwelt aufnehmen und in nutzbare Energie umwandeln. Tiere und Menschen nehmen chemische Energie (energiereiche Nährstoffe) auf. Beim Abbau dieser Energieträger wird die notwendige Energie freigesetzt. Grüne Pflanzen nutzen die Energie des Sonnenlichts.

Stoff- und Energieumwandlung im menschlichen Körper

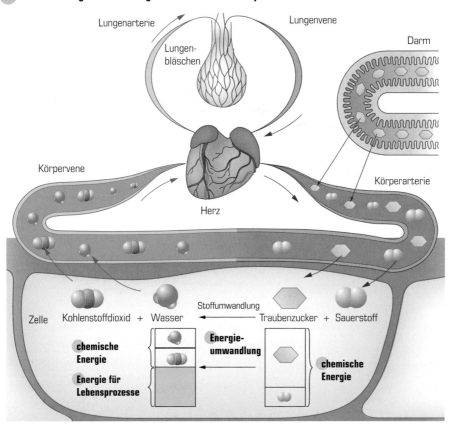

Vergleiche die Energieumwandlung bei der Verbrennung von Holz und die Energieumwandlung im menschlichen Körper.

Projekt

Bewegung braucht Energie

Nährstoffe, die wir mit unserer Nahrung aufnehmen, enthalten Energie.

Experiment: Verbrenne Traubenzucker in Anwesenheit von Asche.

Vorbereitung:
Notiere notwendige Geräte und Chemikalien.

Durchführung:
Vermische 5 g Traubenzucker mit etwas Zigarettenasche und entzünde die Mischung in einem feuerfesten Gefäß mit der Brennerflamme (s. S. 70).

Beobachtung und Auswertung:
Beschreibe deine Beobachtung. Was passiert beim Verbrennen mit der chemischen Energie des Traubenzuckers?

Mit der Nahrung nehmen wir auch Energie auf. Unser Energiebedarf hängt vom Körpergewicht, vom Alter und besonders von körperlicher Aktivität und der Art der Betätigung ab. So wird beispielsweise für sportliche Aktivitäten in der Schule und in der Freizeit viel Energie benötigt.

Ausgangsstoffe

⤷ Aufnahme von Energie

Stoffumwandlung und Energie-umwandlung im Lebewesen

⤷ Abgabe von Energie

Produkte

1 ▸ Lebensprozesse sind durch Stoff- und Energieumwand-lungen gekennzeichnet.

Tabelle 1: Durchschnittlicher Energie-verbrauch in kJ pro Stunde	
Schlafen	300
Spazieren gehen	400
Rad fahren	800
Hausarbeit	900
Tanzen	1 400
Tennis spielen	1 500
Fußball spielen	1 600
Schwimmen	2 000

Tabelle 2: Energiegehalt einiger Nahrungsmittel in kJ	
1 Glas Wasser	0
1 Hamburger	1 200
1 Milch-Shake 0,2 l	1 100
1 kleiner Apfel	280
1 Glas Cola 0,2 l	360
1 Scheibe Wurst	200
1 Scheibe Käse	400
Brötchen 100 g	1 200
Scheibe Brot 100 g (Vollkorn)	950
1 Schokoladenriegel	2 000
1 Löffel Nudeln	100
1 Ei	360
Pommes 100 g	1 500
1/2 Hähnchen	1 700
Erdnüsse 100 g	2650
1 Stück Sahnetorte	1 800

1. *Stelle ein mögliches Tagesprogramm mithilfe der Tab. 1 zusammen und ermittle deinen Energieverbrauch.*

2. a) *Stelle mithilfe der Tabelle 2 ver-schiedene Mahlzeiten zusam-men, um deinen ermittelten Energieverbrauch zu decken.*

   b) *Beurteile die verschiedenen Mahlzeiten nach ihrem Beitrag zu einer gesunden Ernährung.*

2

Wechselwirkung

Alles hängt mit allem zusammen. Diese Ansicht wird von vielen Wissen-
schaftlern vertreten. Zumindest lassen sich sehr viele Wechselwirkungen
zwischen Lebewesen und ihrer Umwelt feststellen. Andere Lebewesen
(z. B. Feinde, Beute) beeinflussen einen Organismus und auch die Temperatur, das Licht und vieles mehr spielt für ihn eine Rolle. Das Lebewesen
selbst wirkt durch seine Lebensprozesse auf die Umwelt ein.
Die Beeinflussung erfolgt also in beide Richtungen. So beinflusst die
Umwelt den Menschen positiv oder negativ, fördert beispielsweise seine
Gesundheit oder beeinträchtigt sie. Jede Wirkung des Menschen auf seine
Umwelt hat daher auch Folgen für ihn selbst.

Wechselwirkung zwischen den Atmungsorganen des Menschen und der Umwelt

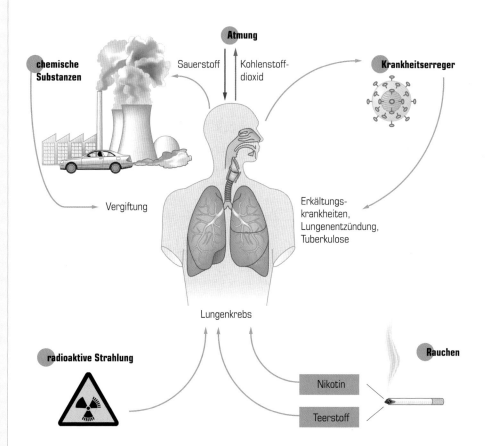

chemische Substanzen

Atmung

Sauerstoff   Kohlenstoff-dioxid

Krankheitserreger

Vergiftung

Erkältungs-krankheiten, Lungenentzündung, Tuberkulose

Lungenkrebs

radioaktive Strahlung

Rauchen

Nikotin

Teerstoff

 **Finde weitere konkrete Beispiele für Wechselwirkungen
zwischen Lebewesen und Umwelt.**

Gesundheitsgefährdung durch Nikotin, Alkohol und Medikamente

Schädlichkeit des Rauchens

Zigaretten-rauch enthält mehr als 600 verschiedene Bestandteile.

Die schädigenden Stoffe in der Zigarette sind hauptsächlich Nikotin und Teerstoffe.

Auch wer nicht selbst raucht, sondern den Rauch von anderen einatmet, wird geschädigt.

Nikotin gelangt mit dem eingeatmeten Zigarettenrauch in die Lunge und von dort ins Blut. Mit dem Blut kommt es in den ganzen Körper. Es bewirkt, dass sich die Adern (Kapillaren, s. S. 87) verengen und so Durchblutungsstörungen entstehen.

Besonders an Fingern und Zehen machen sie sich bemerkbar. Ein Fuß, der nicht mehr ausreichend mit Blut versorgt wird, kann absterben. So entsteht das *Raucherbein.*

Die Verengungen der Gefäße sind auch für Herzinfarkt und Gehirnschlag verantwortlich.

Die feinen **Teerstoffteilchen** lagern sich als zähe Schicht in den Bronchien ab. Dadurch wird die Atmung erschwert und der Körper wird anfällig für Infekte. Eingeatmete Schmutzteilchen und Krankheitserreger können von den verklebten Flimmerhärchen nicht mehr nach außen transportiert werden. Es kommt zum Raucherhusten. Durch die Wirkung der Teerstoffe erhöht sich die Wahrscheinlichkeit an Lungenkrebs zu erkranken.

Alkohol – eine Alltagsdroge

Bei einem Rausch werden 20 000 bis 30 000 Gehirn-zellen zerstört.

In Deutschland gibt es jährlich etwa 40 000 Alkoholtote.

Alkohol ist wie Nikotin eine legale Droge, eine so genannte Alltagsdroge, die Menschen als Genussmittel zu sich nehmen. Bereits kleine Mengen an Alkohol führen zur Selbstüberschätzung, zu verlangsamtem Reaktionsvermögen und zur Einschränkung des Gesichtsfeldes. Deshalb ist für Autofahrer in Deutschland eine Promillegrenze von 0,5 % Alkohol im Blut festgelegt.

Besser wäre es, wenn sie vor der Fahrt überhaupt keinen Alkohol trinken würden.

Reiner **Alkohol** ist ein starkes Gift. Wer regelmäßig Alkohol trinkt, schädigt seine inneren Organe, besonders die Leber und das Gehirn. Konzentrations- und Gedächtnisleistungen lassen nach.

Größere Alkoholmengen können zur Störung der Herz- und Atemtätigkeit, zur Bewusstlosigkeit und sogar zum Tod durch Alkoholvergiftung führen.

Regelmäßiger Alkoholgenuss kann seelisch und körperlich **abhängig** machen. Man spricht dann von **Sucht.** Der Patient ist alkoholkrank und kann nicht mehr auf Alkohol verzichten.

Alkoholkranke können nicht aus eigener Kraft von ihrer Krankheit loskommen. Sie müssen im Krankenhaus behandelt werden und dürfen lebenslang keinen Tropfen Alkohol mehr trinken. Sonst werden sie rückfällig.

Besonders gefährdet durch Alkohol ist der kindliche und jugendliche Organismus. Bei ihm wirken schon geringe Mengen Alkohol schädigend.

Deshalb darf laut Jugendschutzgesetz an Jugendliche unter 16 Jahren kein Alkohol verkauft oder ausgeschenkt werden. Leider wird die Einhaltung dieser Bestimmung nicht immer beachtet.

Aufgabe

Was hälst du von Alkohol- und Nikotinwerbung? Lässt du dich davon beeinflussen?
Tauscht in der Klasse eure Ansichten aus.

Medikamentenmissbrauch

Medikamente sind in der modernen Medizin ein unverzichtbarer Bestandteil der Behandlung von Krankheiten, wie Infektionskrankheiten, Zuckerkrankheit oder Allergien. Sie werden in der Regel vom Arzt verschrieben.

Viele **Medikamente** sind in der Apotheke rezeptfrei zu kaufen. Schmerz-, Schlaf-, Beruhigungs- und Aufweckmittel sollten nur für kurze Zeit eingenommen werden. Sie helfen zwar vorübergehend, aber sie können die Ursachen der Beschwerden nicht heilen. Gerade Medikamente, die die Leistungsfähigkeit unseres Körpers und der Psyche beeinflussen, können **abhängig** machen, wenn sie unkontrolliert verwendet werden.

Bevor man z. B. bei Kopfschmerzen zu Medikamenten greift, sollte man versuchen, sich durch einen Spaziergang an der frischen Luft oder eine Ruhepause zu entspannen.

Regelmäßige Einnahme von Alkohol, Nikotin oder Medikamenten führt zur Abhängigkeit und zur Schädigung der inneren Organe, besonders bei Kindern und Jugendlichen.

Aufgabe

Vervollständige und ergänze folgendes Mind-Map:

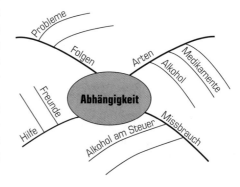

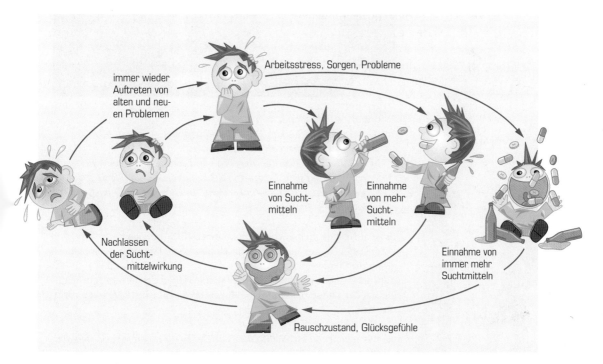

1 ▸ Drogen und Alkohol lösen keine Probleme.

Projekt

Stärke zeigen

Sicher hast du deine Klassenkameraden schon kennen gelernt. Aber weißt du tatsächlich von jedem, was er in seiner Freizeit macht, was ihm schwer fällt oder was ihm wichtig ist?
Wie gut kennen dich deine Mitschüler?

1. *Bringe in den Unterricht einen Gegenstand mit, der dir viel bedeutet. Das kann ein Kuscheltier sein, mit dem du einschläfst, oder ein Schlüssel, den dir dein Vater anvertraut hat. Oder hast du dich gegen deine Mutter durchgesetzt und doch das fetzige T-Shirt bekommen, das dir am besten gefallen hat?*

Du hast sicher schon den Ausspruch „seine Stärken festigen" gehört? Hat „stark sein" nur mit Muskelkraft zu tun? Welche Stärken hast du?

1 ▸ Hast du die Verantwortung für ein eigenes Haustier übernommen?

2 ▸ Bist du besonders musikalisch?

3 ▸ Hast du ein besonderes Hobby, z. B. die Mitarbeit bei der Schülerzeitung?

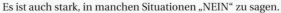

2. *Gestalte ein Poster mit dem Motto:*
   „Das sind meine Stärken. Das fällt mir schwer".
   a) Warst du ehrlich zu dir selbst?
   b) Diskutiere die Begriffe „Angeben" und „Stolz". Ist es schlecht, wenn man stolz auf seine Leistungen ist? Ist das gleich Angeberei?
   c) Beschreibe, wie du dich fühlst, wenn du etwas geschafft hast, was du erreichen wolltest.

Es ist auch stark, in manchen Situationen „NEIN" zu sagen.
Du bist neu in der Klasse und hast noch keine Freunde. Du möchtest gerne zur Clique gehören.
Alle in der Clique rauchen. Nach der Schule treffen sich alle und ein Schüler aus der Clique bietet dir eine Zigarette an. Du willst eigentlich nicht rauchen.

3. *Wie schaffst du es, „Nein" zu sagen? Denke dir mehrere Varianten aus. Würde es helfen, Ausreden zu erfinden?*

Ein Kumpel (12 Jahre) vertraut sich dir an: „Ich bin furchtbar schlecht in der Schule. Dabei macht mir die Schule sogar Spaß. Aber vor ungefähr zwei Jahren hatte ich keinen Bock auf die Schule. Da habe ich dann auch nichts für die Schule gemacht. Ich war einfach zu faul. Jetzt habe ich den Anschluss verpasst. Ich weiß nicht, wie ich das alles nachholen soll.
Meine Eltern streiten sich oft deswegen. Ich weiß, dass es meine Schuld ist. Dann kann ich nachts nicht schlafen, bin am nächsten Tag in der Schule zu müde zum Mitmachen und bekomme schlechte Noten.
Ich habe Angst, dass ich sitzen bleibe. Meine Klasse ist ganz toll. In der will ich auch bleiben. Ich weiß nicht, was ich machen soll, wenn ich es nicht schaffe."

4. a) *Wie würdest du das Problem lösen?*
   b) *Was meinst du, wer könnte ihm dabei helfen?*
   c) *Wie kommt der Junge aus dieser Situation wieder heraus?*
   d) *Was passiert wohl, wenn sich seine schwierige Situation nicht ändert?*

Stellt euch unterschiedliche Situationen vor, in denen man sich befinden kann und spielt sie nach. Dazu solltet ihr vorher ein Drehbuch schreiben.

5. a) *Denke dir eine Rolle aus, die du gerne spielen möchtest. Mögliche Rollen könnten sein:*
      – *ein ausländisches Mädchen, das sich nach seiner Heimat sehnt,*
      – *ein Junge, dessen Eltern sich gerade trennen,*
      – *ein Mädchen mit strengen Eltern,*
      – *ein Wunderkind, das sehr gut Schach spielt.*
   b) *An welchem Ort möchtest du dich dabei befinden? Mögliche Orte könnten sein:*
      – *eine Großstadt,*
      – *der Dschungel,*
      – *das Weltall,*
      – *eine Insel.*
   c) *Beschreibe die Handlung. Mögliche Handlungen könnten sein:*
      – *Das Kind erfährt von einem gefährlichen Geheimnis.*
      – *Das Kind versteht sich nicht mit seinen Klassenkameraden.*
      – *Das Kind erfindet eine Zeitmaschine.*
      – *Das Kind begegnet einem außerirdischen Wesen.*

Eine Drehbuchszene könnte so beginnen:
Ein ausländisches Mädchen, das sich nach seiner Heimat sehnt, macht mit seinen Eltern Urlaub auf einer Insel. Dort ...

Aufgaben

1. Nimm in dein Glossar auf: *Nahrungsbestandteile, Nährstoffe, Ergänzungsstoffe, Eiweiße, Fette, Kohlenhydrate, Vitamine, Mineralstoffe, Ballaststoffe, Energielieferant, Verdauung, Verdauungsorgane, Stoffumwandlung, Energieumwandlung, Atmung, Atmungsorgane, Lunge, Zähne, Zellatmung, Drogen*

Glossar

Nahrungsbestandteile:

2. Weshalb darfst du weder weniger noch mehr Nahrung zu dir nehmen, als dein Körper benötigt?

3. Begründe, in welchem Lebensalter der Eiweißanteil in der Nahrung besonders hoch sein muss.

4. Weshalb sollte man zu vielen Speisen Rohkostsalate reichen?

5. Stelle einen Speiseplan für einen Tag zusammen. Verwende dazu den Nahrungsmittelkreis auf Seite 58. Begründe deine Nahrungsmittelauswahl.

6. a) Einige Gemüsesorten sind roh gesünder als gekocht.
   Begründe diese Aussage.
   b) Erläutere diesen Sachverhalt an Beispielen.

7. Christine hat als Schulfrühstück eine Roggenbrotschnitte mit Butter und Käse sowie einen Apfel mit in die Schule bekommen. Zur Pause lässt sie ihr Frühstück in der Tasche. Statt dessen kauft sie sich ein großes Stück Torte und isst nach der Schule ein Eis.
   Handelt Christine richtig? Begründe deine Meinung.

8. Stelle mit deinen Mitschülern in einem Rollenspiel dar, wie das Frühstück vor Schulbeginn im Elternhaus verläuft.

9. a) Eine Ursache für die Frühjahrsmüdigkeit ist Vitaminmangel. Besonders im Frühjahr tritt diese Art von Müdigkeit auf. Begründe diese Aussage.
   b) Wie könnte man der Frühjahrsmüdigkeit vorbeugen?

10. Schreibe 14 Tage lang auf, was du zum Frühstück isst.
    Werte deine Ergebnisse in Bezug auf eine gesunde Ernährung.

11. Überprüfe mithilfe von Iod-Kaliumiodid-Lösung ☒, ob Fruchsaft, Honig, Speisestärke, weiße Bohnen und Mineralwasser Stärke enthalten. Gehe dabei vor wie in Versuch 1, S. 54.

12. Überprüfe, ob Weißbrot, Würfelzucker, Blutwurst, gekochtes Hühnerei, Schweinefleisch und Margarine Fett enthalten.
    Gehe dabei entsprechend der Experimentieranordnung 2 auf Seite 54 vor.

13. Erläutere folgende Aussage: „Wir essen Schweinefleisch, bestehen aber nicht aus Schweinefleisch!"

2

14. Beschreibe den Weg der Nahrung durch deinen Körper. Nenne die Aufgaben der einzelnen Verdauungsorgane.

15. Finde heraus, welche gesundheitlichen Folgen Alkohol für den Körper haben kann. Erstelle ein Poster zum Thema: „Die schädigende Wirkung von Alkohol".

16. Bei einigen Menschen produziert die Leber nicht genügend Gallensaft. Welcher Grundnährstoff sollte nur in geringen Mengen in der Nahrung enthalten sein? Begründe deine Antwort.

17. Was meinst du, warum müssen die Grundnährstoffe in den Verdauungsorganen umgewandelt werden?

18. Erläutere, woher die Energie stammt, die unser Körper z. B. zur Aufrechterhaltung unserer Körpertemperatur benötigt.

19. Wie viel Energie nimmt man zu sich, wenn man 150 g gezuckerte Kondensmilch löffelt? 100 g gezuckerte Kondensmilch enthalten 7 g Eiweiß, 8,7 g Kohlenhydrate und 4 g Fett.
1 g Eiweiß = 17 kJ
1 g Kohlenhydrate = 18 kJ
1 g Fett = 39 kJ

20. Benenne die Atmungsorgane entsprechend den Ziffern 1–6.

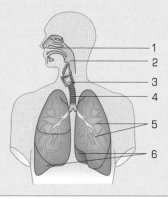

21. Beschreibe den Weg der Einatemluft. Gehe dabei auch auf die Funktion der einzelnen Atemorgane ein.

22 a) Beschreibe anhand der Abbildung den Bau eines Lungenbläschens.

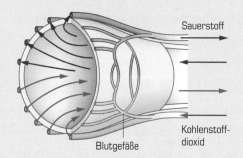

Sauerstoff

Kohlenstoffdioxid

Blutgefäße

b) Erkläre den Austausch der Atemgase zwischen Lungenbläschen und Blutgefäßen.

23. Der Anteil an Kohlenstoffdioxid ist in der Ausatemluft höher als in der Einatemluft. Erkläre, wie es dazu kommt.

24. Erläutere den Zusammenhang zwischen Bau und Funktion am Beispiel der Lungenbläschen.

25. Übernimm den Lückentext in dein Heft. Vervollständige den Lückentext.
Der Austausch der Atemgase …①… und …②… findet zwischen den…③… und dem …④… statt. Die Lungenbläschen haben eine dünne Wand und sind von einem Netz feiner …⑤… umgeben. Der …⑥… gelangt aus den Lungenbläschen in das …⑦… und wird mit dem Blut in alle Teile des …⑧… transportiert. Auf dem gleichen Weg gelangt das …⑨…aus allen Teilen des Körpers mit dem …⑩… in die Lungenbläschen und wird ausgeatmet.

26. Beim Wandern werden 17 Liter Luft je Minute eingeatmet, beim Schlafen nur 5 Liter. Begründe den Unterschied.

27. In unserer Lunge befinden sich etwa 300 Mio. bis 500 Mio. Lungenbläschen. Sie bilden aneinander gelegt eine Fläche von 70 m^2 bis 80 m^2.
    Überlege, welche Auswirkungen das auf unsere Atmung haben kann.

28. a) Sammle aus Tageszeitungen, Fernseh- und Rundfunkmeldungen Berichte über Drogen. Nimm auch das Internet zu Hilfe.
    b) Erläutere an Beispielen Gefahren der Drogeneinnahme.

29. Nikotin ist ein Hauptbestandteil des Zigarettenrauches.
    Informiere dich im Internet und in Nachschlagewerken, welche gesundheitlichen Schäden durch Nikotin hervorgerufen werden könnten. Bereite dazu einen Kurzvortrag vor.

30. Weise im Zigarettenrauch mithilfe folgender Apparatur unter Aufsicht eines Lehres Teer nach.

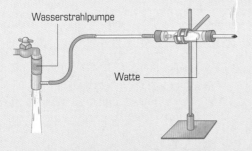

Wasserstrahlpumpe

Watte

a) Zünde die Zigarette an und drehe den Wasserhahn auf.
    Dadurch wird der Rauch durch die Apparatur gesaugt (Wasser einige Minuten laufen lassen).
    b) Wiederhole den Versuch mit einer Zigarette, bei der du den Filter abgebrochen hast. Benutze frische Watte.
    Stimmt es, dass das Rauchen von Filterzigaretten unschädlich ist, da der Filter alle Schadstoffe aus dem Rauch entfernt?

31. Beschreibe die Folgen der Aufnahme von Teerstoffen in die Atemwege.

32. Befrage örtliche Behörden über die Luftqualität in deiner Region.
    Informiere dich über die Ursachen der Verschmutzungen und über die Wirkungen der Schadstoffe.

33. Weise Schadstoffe in der Luft nach.
    a) Entferne vorsichtig jeweils ein Blatt von Pflanzen der gleichen Art.
    Die Pflanzen sollen aber an verschiedenen Standorten stehen (z. B. Park, Straße, Acker, …).
    b) Klebe Klebefolie auf die Blätter.
    c) Ziehe die Folie vorsichtig wieder ab, so wie du es in der folgenden Abbildung siehst.

d) Klebe die Folien auf ein weißes Blatt Papier .
    e) Schreibe den Standort, die Pflanzenart und das Datum zu jedem der Abzüge.
    Vergleiche die verschiedenen Abdrücke miteinander.
    Erkläre, wie es zu den Unterschieden kommt.
    Warum sind Grünanlagen in der Stadt besonders wichtig?

34. Was kann jeder Einzelne zur Verringerung der Luftverschmutzung beitragen? Nenne einige Maßnahmen.

2

Das Wichtigste auf einen Blick

Bestandteile der Nahrung

Der Mensch ernährt sich sowohl von tierischer als auch von pflanzlicher Nahrung. Die Nahrung enthält *Nährstoffe* und *Ergänzungsstoffe*.

Die aufgenommenen Stoffe dienen als Baustoffe für körpereigene Stoffe und als Energieträger.

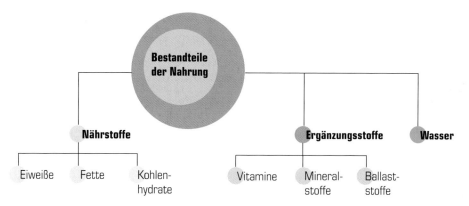

Bestandteile der Nahrung

Nährstoffe · Ergänzungsstoffe · Wasser

Eiweiße · Fette · Kohlenhydrate · Vitamine · Mineralstoffe · Ballaststoffe

Gesunde Ernährung

Kein Nahrungsmittel kann unseren Tagesbedarf an allen Nähr- und Ergänzungsstoffen decken. Für eine *vollwertige, gesunde Ernährung* benötigt man daher eine abwechslungsreiche Kost, die alle Nahrungsmittelgruppen in einem ausgewogenen Verhältnis enthält.

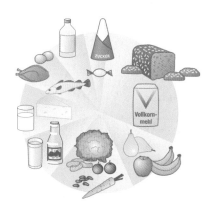

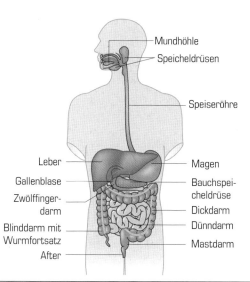

Mundhöhle
Speicheldrüsen
Speiseröhre
Leber
Gallenblase
Zwölffingerdarm
Blinddarm mit Wurmfortsatz
After
Magen
Bauchspeicheldrüse
Dickdarm
Dünndarm
Mastdarm

Struktur und Funktion der Verdauungsorgane

Damit aus den körperfremden Stoffen körpereigene Stoffe aufgebaut werden können, müssen sie erst in ihre kleinsten wasserlöslichen Grundbausteine zerlegt werden.

Dies erfolgt schrittweise in den Verdauungsorganen mithilfe von Wirkstoffen (Enzymen). Diesen Vorgang nennt man *Verdauung*.

Im Dünndarm werden die kleinsten wasserlöslichen Grundbausteine in das Blut aufgenommen.

Das Wichtigste auf einen Blick

Atmung

Die Atmung ist ein Kennzeichen des Lebens. Mithilfe der Atmungsorgane erfolgt der Gasaustausch.

Der so aufgenommene Sauerstoff ist für alle Teile des Körpers lebensnotwendig.

Atmungsorgan Lunge

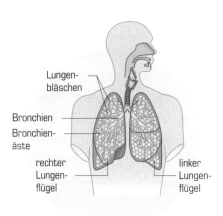

Lungen-
bläschen

Bronchien

Bronchien-
äste

rechter
Lungen-
flügel

linker
Lungen-
flügel

Bau

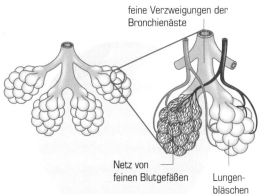

feine Verzweigungen der
Bronchienäste

Netz von
feinen Blutgefäßen

Lungen-
bläschen

Gasaustausch

Der *Gasaustausch* erfolgt zwischen Lungenbläschen und Blutgefäßen.
Sauerstoff gelangt aus den Lungenbläschen ins Blut und mit dem Blut zu allen Organen und Zellen des Körpers.
Kohlenstoffdioxid wird mit dem Blut von den Organen und Zellen des Körpers zu den Lungenbläschen transportiert, in die Lungenbläschen abgegeben und letztendlich ausgeatmet.
Die *Einatemluft* hat einen höheren Sauerstoffanteil und niedrigeren Kohlenstoffdioxidanteil als die *Ausatemluft*.

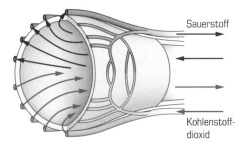

Sauerstoff

Kohlenstoff-
dioxid

Erkrankungen der Atmungsorgane

Die Erkrankungen der Atmungsorgane können durch Krankheitserreger und schädliche Substanzen der Luft hervorgerufen werden.

2.4 Stofftransport durch das Herz-Kreislauf-System

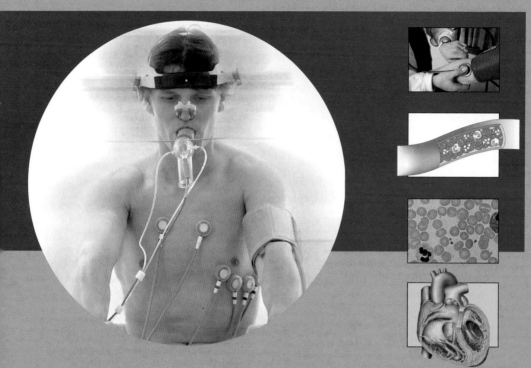

Müllabfuhr und Stadtwerke ▸▸ Das Blut hat in unserem Körper die gleiche Aufgabe wie die Stadtwerke einer Stadt. Es versorgt uns zwar nicht mit Gas, Wasser und Strom, dafür aber mit den notwendigen Nährstoffen, Sauerstoff und Energieträgern. Entsprechend den Aufgaben einer Müllabfuhr sorgt das Blut auch dafür, dass die schädlichen und unbrauchbaren Abfallprodukte wieder aus dem Körper gelangen. Bei diesen Vorgängen spielt das Herz ebenfalls eine wichtige Rolle. Es treibt die Ver- und Entsorgung an. Im Laufe eines Menschenlebens pumpt es mehr als 200 Millionen Liter Blut durch den Körper. Das sind pro Tag etwa 7 000 Liter. Und dabei ist das Herz gerade mal so groß wie unsere Faust.

Was passiert, wenn das Herz auch mal eine Pause macht?

Zusammensetzung und Aufgaben des Blutes

Lässt man Blut einige Zeit in einem Glas stehen, so gerinnt es. Am Boden des Glases setzen sich die festen Bestandteile des Blutes ab. Darüber sieht man den flüssigen Bestandteil des Blutes, das Blutplasma. Die festen Bestandteile des Blutes bestehen aus Blutzellen, den roten und weißen Blutkörperchen sowie den Blutplättchen.

Das Blutplasma

Das Blutplasma besteht zu 90 % aus Wasser und zu 10 % aus im Wasser gelösten Stoffen.

Die bei der Verdauung von Kohlenhydraten, Eiweißen und Fetten entstandenen Nahrungsbausteine werden über den Darm in das Blut aufgenommen. Im **Blutplasma** werden diese Nahrungsbausteine in alle Zellen des Körpers transportiert, wo sie als Baustoffe und Energieträger genutzt werden.

Aus den Zellen werden Endprodukte des Stoffwechsels, z. B. Harnstoff, an das Blutplasma abgegeben. Mit dem Blutplasma werden die Abfallstoffe zu den Ausscheidungsorganen des Körpers transportiert, z. B. zur Niere.
Das Blutplasma enthält außerdem Vitamine, Mineralstoffe und körpereigene Botenstoffe, die so genannten Hormone.

Die Blutzellen

Die **roten Blutkörperchen** enthalten den roten Blutfarbstoff Hämoglobin, der dem Blut die Farbe gibt. Sie nehmen in der Lunge Sauerstoff auf, denn ihre Aufgabe ist der Sauerstofftransport in alle Teile des Körpers, z. B. zu den Zellen der Muskeln und der inneren Organe.

Die **weißen Blutkörperchen** umschließen und vernichten in den Körper eingedrungene Krankheitserreger. Sie werden auch als „Körperpolizei" bezeichnet.

Die **Blutplättchen** spielen bei der Blutgerinnung eine wichtige Rolle. Sie verschließen eine Wunde durch die schnelle Bildung einer Kruste. So wird ein größerer Blutverlust verhindert.

> Das Blut besteht aus festen Bestandteilen (weiße und rote Blutkörperchen, Blutplättchen) und flüssigen Bestandteilen (Blutplasma). Sie ermöglichen die unterschiedlichen Funktionen des Blutes.
> Blut transportiert Stoffe und Wärme, wirkt bei der Krankheitsabwehr und beim Wundverschluss mit. **(M)**

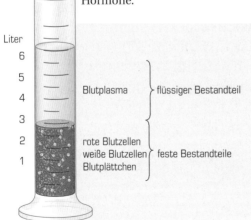

Liter

Blutplasma — flüssiger Bestandteil

rote Blutzellen
weiße Blutzellen — feste Bestandteile
Blutplättchen

1 ▸ Anteil der Bestandteile

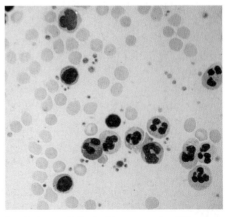

2 ▸ Die Bestandteile des Blutes unter dem Mikroskop

Etwa 6 bis 7 l Blut fließen durch den Körper eines erwachsenen Menschen.

Verliert ein Mensch mehr als 2 Liter Blut, besteht höchste Lebensgefahr. Es kommt zum Sauerstoffmangel im Körper. Die betreffende Person ist sehr blass. Auch der Wärmetransport im Organismus ist gestört. Diesen Zustand bezeichnet man als Schock. Dann hilft eine Blutkonserve aus der Blutbank.

Aufgabe

Blut spenden rettet Leben!
Informiere dich über die Bluterkrankheit und überlege, warum eine Blutspende besonders für Bluterkranke lebenswichtig ist.

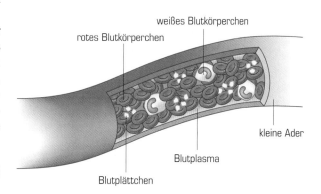

1 ▸ Die Bestandteile des Blutes in einer Ader haben unterschiedliche Aufgaben.

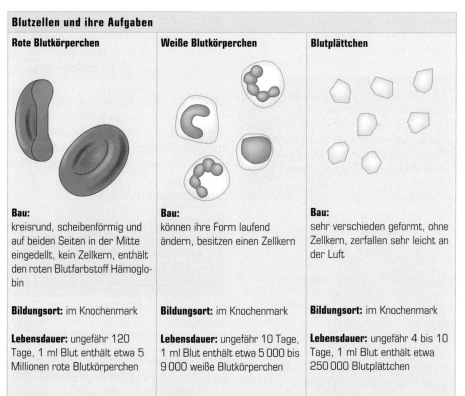

Blutzellen und ihre Aufgaben

Rote Blutkörperchen	Weiße Blutkörperchen	Blutplättchen
Bau: kreisrund, scheibenförmig und auf beiden Seiten in der Mitte eingedellt, kein Zellkern, enthält den roten Blutfarbstoff Hämoglobin	**Bau:** können ihre Form laufend ändern, besitzen einen Zellkern	**Bau:** sehr verschieden geformt, ohne Zellkern, zerfallen sehr leicht an der Luft
Bildungsort: im Knochenmark	**Bildungsort:** im Knochenmark	**Bildungsort:** im Knochenmark
Lebensdauer: ungefähr 120 Tage, 1 ml Blut enthält etwa 5 Millionen rote Blutkörperchen	**Lebensdauer:** ungefähr 10 Tage, 1 ml Blut enthält etwa 5 000 bis 9 000 weiße Blutkörperchen	**Lebensdauer:** ungefähr 4 bis 10 Tage, 1 ml Blut enthält etwa 250 000 Blutplättchen
Aufgabe: Transport von Sauerstoff, Kohlenstoffdioxid	**Aufgabe:** Vernichtung eingedrungener Krankheitserreger	**Aufgabe:** Gerinnung des Blutes und Wundverschluss

1 ml = 1 mm³

Das Herz und seine Leistungen

Das Blut transportiert viele Stoffe durch unseren Körper. Dafür muss es in Bewegung sein.

Unser Herz arbeitet wie eine *Saugpumpe* und pumpt das Blut so ununterbrochen durch unseren Körper.

Das **Herz** ist ein kräftiger Muskel, der innen hohl ist. Deshalb spricht man von einem Hohlmuskel.

Dieses wichtige Organ ist ungefähr so groß wie eine zusammengeballte Faust und liegt in der Mitte des Brustkorbs zwischen den Lungenflügeln.

Die Menge von 70 ml entspricht ungefähr einer halben Tasse.

Seine Spitze zeigt nach links unten. Eine muskulöse Wand, die Herzscheidewand teilt das Herz in eine linke und rechte Hälfte. Jede Hälfte besteht aus einer großen **Herzkammer** und einem kleineren **Vorhof.**

Die Pumpleistung des Herzens lässt sich an verschiedenen Stellen des Körpers als Pulsschlag fühlen.

> Ⓜ **Das Herz ist ein kräftiger Hohlmuskel. Durch die Herzscheidewand ist es in eine linke und in eine rechte Hälfte geteilt. Jede Hälfte ist in einen Vorhof und eine Herzkammer unterteilt. Das Herz hat die Aufgabe einer Saugpumpe.**

Bei seiner Tätigkeit zieht sich das Herz abschnittsweise zusammen und erschlafft dann wieder. Beim Erschlaffen des Herzmuskels weitet sich das Herz und Blut wird in das Herz hineingesaugt. Zieht sich der Herzmuskel anschließend zusammen, wird das Blut aus dem Herzen in die Blutgefäße und damit in den Körper gepresst. Die Herzklappen sind dafür verantwortlich, dass das Blut nur in eine Richtung fließt.

Nach jedem Erschlaffen erfolgt ein Zusammenziehen des Herzens. Man sagt auch, das Herz schlägt.

Bei jedem Herzschlag pumpt das Herz etwa 70 ml in die Blutgefäße. Das Herz eines 14-jährigen schlägt ungefähr 80 mal in der Minute. Bei ungefähr 100 000 Herzschlägen am Tag hat das Herz eine Pumpleistung von ca. 7 000 Litern am Tag! Die Anzahl der Herzschläge pro Minute bezeichnet man als **Herzfrequenz.**

Damit das Herz Tag und Nacht arbeiten kann muss es gut durchblutet und mit Sauerstoff und Nährstoffen versorgt werden. Der Herzmuskel ist deshalb von einem dichten Netz von Blutgefäßen durchzogen, den so genannten Herzkranzgefäßen.

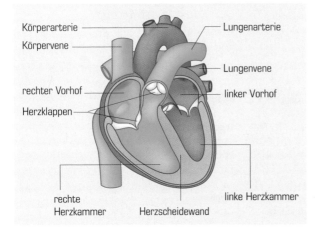

Körperarterie — Lungenarterie
Körpervene — Lungenvene
rechter Vorhof — linker Vorhof
Herzklappen —
rechte Herzkammer — linke Herzkammer
Herzscheidewand

1 ▸ Schematische Darstellung des Herzens

> Ⓜ **Durch abwechselndes Erschlaffen und Zusammenziehen des Herzmuskels wird Blut aus dem Körper angesaugt und in den Körper zurückgepumpt.**

Aufgaben

1. *Fertige in deinem Hefter eine Skizze des Herzens an und beschrifte diese. Gib die Fließrichtung des Blutes an.*

2. *Finde Stellen an deinem Körper, an denen du deinen Pulsschlag (Herzfrequenz) spüren kannst.*

2

Der Blutkreislauf

Das Blut fließt durch unseren Körper in einem geschlossenen Röhrensystem, den Blutgefäßen.

Führen die Blutgefäße das Blut vom Herzen weg, heißen sie **Arterien.** Die Arterien verzweigen sich im Körper und werden dabei immer dünner. Sie durchziehen den ganzen Körper. Das Blut in den Arterien erreicht so alle Organe und Zellen. Schließlich gehen die Arterien in haardünne **Kapillaren** über. Die Kapillaren bilden ein dichtes Kapillarnetz.

Nun transportieren Venen das Blut weiter. Blutgefäße, die das Blut zum Herzen hinführen, heißen **Venen.**

Der ununterbrochene Blutstrom vom Herzen in den Körper und wieder zurück wird **Blutkreislauf** genannt. Man kann einen Lungenkreislauf und einen Körperkreislauf unterscheiden.

Im **Lungenkreislauf** fließt aus der rechten Herzkammer sauerstoffarmes und kohlenstoffdioxidreiches Blut (in Abbildungen meist blau) in Arterien zur Lunge.

Dort gibt das Blut Kohlenstoffdioxid ab, nimmt Sauerstoff auf und strömt in Venen zur linken Herzkammer zurück.

Der **Körperkreislauf** beginnt in der linken Herzkammer. Von dort fließt sauerstoffreiches und kohlenstoffdioxidarmes Blut (in Abbildungen meist rot) in Arterien in alle Organe des Körpers.

Durch die haarfeinen dünnwandigen Kapillaren ist ein Stoffaustausch mit den verschiedenen Zellen des Körpers möglich. Sauerstoff sowie im Blut gelöste Nahrungsbausteine, Mineralien, Vitamine und andere Wirkstoffe werden an die Zellen abgegeben.

Gleichzeitig wird Kohlenstoffdioxid vom Blut aus den Zellen transportiert. Das nun kohlenstoffdioxidreiche und sauerstoffarme Blut fließt in Venen aus dem Körper zur rechten Herzkammer

Kapillaren (Haargefäße)

Arterie   Vene

1 ▸ Kapillaren bilden ein feines Kapillarnetz. Das Blut fließt aus einer Arterie durch die Kapillaren in eine Vene.

zurück und gelangt von dort aus wieder in die Lunge. Dort wird Kohlenstoffdioxid abgegeben. Die anderen Abfallstoffe werden von den Nieren (s. S. 90) aus dem Blut gefiltert.

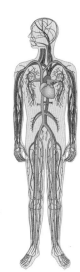

2 ▸ Der „gläserne" Mensch.

> Das Blut fließt durch den Körper in einem geschlossenen Röhrensystem, in Arterien, Kapillaren und Venen. Der Blutkreislauf kann in einen Lungenkreislauf und Körperkreislauf unterschieden werden. Ⓜ

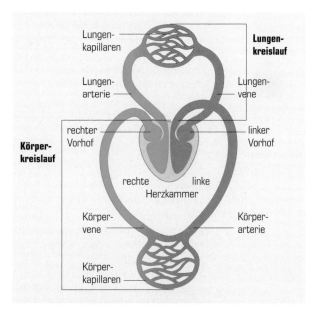

Lungenkapillaren

Lungenkreislauf

Lungenarterie

Lungenvene

rechter Vorhof

linker Vorhof

Körperkreislauf

rechte Herzkammer   linke

Körpervene

Körperarterie

Körperkapillaren

3 ▸ Schematische Darstellung des Blutkreislaufs

Experiment

1. Untersuche Tierblut.

Materialien:
Tierblut vom Schlachthof oder vom Metzger, Objektträger, Deckgläschen

Durchführung:
Gib einen Tropfen des Tierblutes auf den Objektträger. Setze ein Deckgläschen schräg auf den Objektträger und streiche den Bluttropfen dünn aus. Betrachte den Blutausstrich unter dem Mikroskop.

Beobachtung und Auswertung:
Vergleiche mit der Abbildung 2 auf Seite 84. Fertige eine Zeichnung an.

2. Führe einen Belastungstest durch.

Material:
Stoppuhr mit Sekundenanzeige

Durchführung:
Vier Schüler bilden eine Versuchsgruppe.
a) Schüler 1 sitzt ruhig auf einem Stuhl, während Schüler 2 die Pulsschläge und Schüler 3 die Atemzüge von Schüler 1 innerhalb von 15 s zählt. Schüler 4 notiert die Ergebnisse in der Tabelle.
b) Schüler 1 macht 30 schnelle Kniebeugen. Schüler 2, 3 und 4 übernehmen wieder die gleichen Aufgaben wie oben.
c) Die Schüler tauschen die Rollen.

Fertigt in eurem Hefter eine Tabelle an. Tragt darin jeweils die Anzahl der Pulsschläge und Atemzüge pro 15 s und 1 min vor und nach den Kniebeugen ein.

Auswertung:
1. Vergleicht eure Ergebnisse. Welcher Zusammenhang besteht zwischen körperlicher Aktivität, der Anzahl der Pulsschläge und der Anzahl der Atemzüge. Erkläre.
2. Erläutere den Zusammenhang zwischen körperlicher Aktivität und dem Nährstoffbedarf eines Menschen.

3. Zeige, dass Blut auch Wärme transportiert.

Durchführung:
Halte zwei Minuten einen Arm gestreckt nach oben und lasse den anderen hängen.

Beobachtung:
Fühle und betrachte nach zwei Minuten deine Hände. Notiere die Beobachtungen.

Auswertung:
1. Erkläre deine Beobachtungen.
2. Bei starkem Blutverlust friert die betreffende Person. Stelle einen Zusammenhang zu deinen Beobachtungen her.

4. Bestimme den Blutdruck.

Material:
handelsübliches Blutdruckgerät

Durchführung:
Lasst den Blutdruck von drei Schülern bestimmen.

Beobachtung und Auswertung:
1. Notiert die Werte und vergleicht sie. Erkundigt euch, was diese Werte aussagen.
2. Informiere dich über Ursachen und Auswirkungen von Aterienverkalkung.

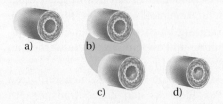

Normale Aterie (a) und Stadien der Aterienverkalkung (b–d)

2

Herz- und Kreislauferkrankungen

Erkrankungen des Herz-Kreislauf-Systems sind in den Industrieländern die Todesursache Nr. 1. Besonders gefährlich ist der Herzinfarkt, ca. 50 % überleben diesen nicht. Weitere häufige Kreislauferkrankungen sind krankhafte Veränderungen der Gefäße, die den Herzmuskel versorgen, z. B. Bluthochdruck, Arterienverkalkung (Arteriosklerose), die koronare Herzerkrankung und *Angina pectoris*. Die Arterienverkalkung kann zu Thrombosebildung, Schlaganfall oder Krampfadern führen. Der Herzmuskel benötigt Sauerstoff und Nährstoffe, um tätig zu sein. Diese Bausteine werden ihm über die **Herzkranzgefäße** zugeführt. Fett- und Kalkeinlagerungen an der Innenwand der Herzkranzgefäße bewirken eine Verengung der Gefäße, die Folge davon ist, dass nicht mehr alle Abschnitte des Herzmuskels ausreichend versorgt sind. Der daraus resultierende Sauerstoffmangel führt zu einem *„Enge in der Brust-Gefühl"*. Hierbei handelt es sich um Schmerzen im linken Brustkorb, die in die linke Schulter bis in den Arm ausstrahlen können. Wenn diese Symptome nach ausreichendem Sauerstoffangebot wieder verschwinden, spricht man von einer *Angina pectoris* (a). Wenn ein Herzkranzgefäß durch ein Blutgerinnsel verschlossen wird, kommt es zum **Herzinfarkt** (b), bei dem die nicht versorgten Teile des Herzmuskels absterben.

Wenn der Blutdruck dauerhaft auf Werte oberhalb des für das Alter zulässigen Normalwertes ansteigt, spricht man von Blut-

hochdruck. **Bluthochdruck** bewirkt eine Herzmuskelschwäche und führt zu Gefäßverkalkungen, die wiederum zu Schlaganfall, Herzinfarkt und zu Schäden im Gehirn und an den Nieren führen können. Arterien weisen eine dicke, elastische Muskelschicht auf. Durch Kalk- und Fettablagerungen an der Innenwand der Arterie kommt es zu Verengungen, die bewirken, dass die Gefäßwand ihre Elastizität verliert **(Arterienverkalkung, Arteriosklerose).** Der Blutfluss ist infolge der Verengung gestört, die Organe werden schlechter mit Sauerstoff versorgt, als es notwendig wäre und erkranken.

Treten viele Verengungen auf, hilft nur noch ein **Herzkatheter** (Abb. 3). Dabei wird durch die Arterie in der Leiste oder Armbeuge ein dünner Schlauch (Katheter) zum Herzen vorgeschoben. Durch ein Kontrastmittel werden Herzkranzgefäßverengungen sichtbar. Mit einem **Ballonkatheter** (Abb. 4), der in die verengte Stelle des Blutgefäßes geschoben wird, kann durch Druck die Verengung gedehnt und die Ablagerung im Blutgefäß zur Seite gepresst werden. Bei mehreren Verengungen wird eine **Bypassoperation** (Abb. 2) vorgenommen. Dabei wird meist eine gesunde Beinvene am Herzen zur Umgehung der Engstelle eingepflanzt. **Risikofaktoren,** wie z. B. übermäßiger Nikotin-, Alkoholgenuss, *Diabetes mellitus,* Übergewicht durch zu fetthaltige Ernährung, Bluthochdruck, Bewegungsmangel, zu viel Stress durch Ärger, Konflikte und Aufregung sowie erbliche Faktoren begünstigen den Ausbruch einer der erwähnten Krankheiten. Ein bedeutender Beitrag zur Vorbeugung und Therapie ist eine **gesunde Lebensführung.**

3 ▸ Herzkatheter

4 ▸ Ballonkatheter

1 ▸ Angina pectoris (a) und Herzinfarkt (b)

2 ▸ Bypass

Die Niere – ein Ausscheidungsorgan

Die männliche Harnröhre führt gemeinsam mit dem Spermienleiter als Harn-Spermien-Röhre durch den Penis und ist etwa 20 cm lang. Die weibliche Harnröhre ist dagegen nur 4 cm lang.

Wie auch die Lunge (Abb. 1, S. 68) und die Haut (Abb. 1, S. 30) gehören die Nieren zu unseren **Ausscheidungsorganen.** Die paarigen Nieren liegen links und rechts der Wirbelsäule an der Rückwand der Bauchhöhle. Über die Nierenvene und – arterie sind sie mit dem Blutkreislauf verbunden (Abb. 2A).

Die **Nieren** bestehen aus der *Nierenrinde* (Abb. 1a), die von etwa 2 Mio. Nierenkörperchen gebildet wird und dem *Nierenmark* (Abb. 1b), in dem sich zahlreiche *Harnkanälchen* befinden.

Die Abfallstoffe, die von den Körperzellen ins Blut abgegeben wurden, werden in den Nierenkörperchen wieder herausgefiltert und zusammen mit Wasser als Harn (Urin) über die *Harnleiter* (Abb. 1c), die *Harnblase* und die *Harnröhre* ausgeschieden. Die Harnblase dient der zeitweisen Speicherung des Harns, damit unser Körper nicht ständig Harntropfen abgibt.

a
b
d
c

1 ▶ Niere (Längsschnitt)

Die Harnbildung

Die Nierenarterie transportiert mit Abfallstoffen beladenes Blut aus dem Körper in die Niere. Dort erfolgt die *Blutfilterung* (**Harnbildung**). Das „gereinigte" Blut verlässt die Niere über die Nierenvene und gelangt wieder in den Körper.

Im *Blutkapillarknäuel* der Nierenkörperchen beginnt die Harnbildung (Abb. 2B). Dort werden Wasser und die darin gelösten Stoffe, wie Traubenzucker, Salze und Abfallstoffe aus dem Blut ausgeschieden und gelangen als **Primärharn** in die Harnkanälchen. Es werden 180 l Primärharn pro Tag gebildet. Da wir jedoch nur 1–2 l Harn pro Tag ausscheiden, muss diese Flüssigkeitsmenge wieder reduziert werden. Dies geschieht in den Harnkanälchen. Dort wird der größte Teil des Wassers und Stoffe, die vom Körper weiterverwendet werden können wieder ins Blut zurück geschleust. Die zurückbleibende, vor allem mit Abfallstoffen des Körpers beladene, Flüssigkeit gelangt über die *Sammelröhrchen* in das *Nierenbecken* (Abb. 1d) und von dort in den Harnleiter. Dies ist der **Sekundärharn** der auch **Endharn** (Urin) genannt wird.

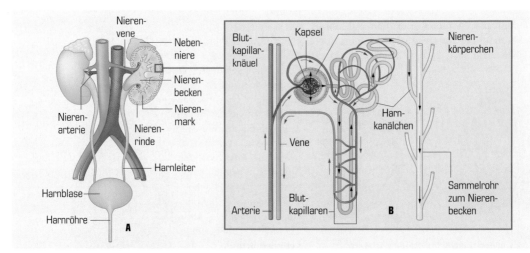

2 ▶ A – Niere mit Harnorganen   B – Harnbildung (schematisch)

2

Aufgaben

1. Ergänze dein Glossar um folgende Begriffe: *Blut, Blutplasma, Blutzellen, Blutplättchen, Herz, Herfrequenz, Blutkreislauf, Arterie, Kapillare, Vene, Niere, Harnbildung*

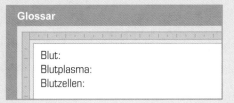

Glossar

Blut:
Blutplasma:
Blutzellen:

2. Berechne mithilfe der Tabelle auf Seite 85 die ungefähre Anzahl der verschiedenen Blutzellen in einem Liter Blut.

3. Ordne den Zahlen in der Abbildung die Buchstaben der folgenden Begriffe zu: Körpervene A, Lungenarterie B, Kapillare im Körper C, rechte Herzhälfte D, linke Herzhälfte E, Lungenvene F, Körperarterie G, Kapillare in der Lunge H.

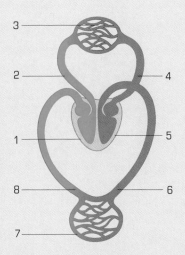

4. Beschreibe mithilfe der Abbildung in Aufgabe 3 den Weg des Blutes durch den Körper. Beginne mit der rechten Herzhälfte.

5. Betrachte die Abbildung in Aufgabe 3 und beurteile die Richtigkeit folgender Aussage: In Venen fließt kohlenstoffdioxidreiches Blut und in Arterien fließt sauerstoffreiches Blut. Begründe deine Antwort.

6. Erstelle ein Mind-Map (s. S. 9) zum Thema Blut. Berücksichtige dabei die unterschiedlichen Bestandteile des Blutes und seine Aufgaben.

7. Benenne mithilfe der Tabelle auf Seite 85 die verschiedenen Blutzellen im mikroskopischen Bild des Blutes (Abb. 2, S. 84)

8. Die roten Blutkörperchen sehen aus wie winzige linsenförmige Scheiben. Jeder Erwachsene besitzt ungefähr 25 Billionen dieser Blutzellen. Alle zusammen haben eine Oberfläche von ca. 300 Quadratmetern. Kannst du erklären, warum wir so viele rote Blutkörperchen haben?

9. Erläutere, warum der Blutkreislauf des Menschen auch als „doppelter Blutkreislauf" bezeichnet wird.

10. Vermute, welche Folgen es hat, wenn die beiden Herzhälften durch ein Loch in der Herzscheidewand verbunden sind.

11. Erkrankungen des Herz-Kreislauf-Systems sind die Volkskrankheit Nummer 1. Informiere dich und stelle Maßnahmen zur Vorbeugung von Erkrankungen des Herz-Kreislauf-Systems zusammen.

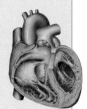

12. Vermute, warum bei der Erstversorgung von stark blutenden Menschen zunächst Wasser mit etwas Kochsalz in die Blutbahn gegeben wird, wenn keine passende Blutkonserve zur Verfügung steht.

Das Wichtigste auf einen Blick

Zusammensetzung des Blutes

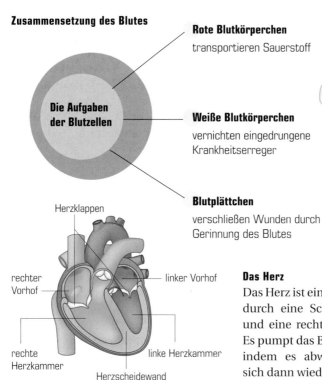

Die Aufgaben der Blutzellen

Rote Blutkörperchen
transportieren Sauerstoff

Weiße Blutkörperchen
vernichten eingedrungene Krankheitserreger

Blutplättchen
verschließen Wunden durch Gerinnung des Blutes

Herzklappen

rechter Vorhof

linker Vorhof

rechte Herzkammer

linke Herzkammer

Herzscheidewand

Das Herz

Das Herz ist ein kräftiger Hohlmuskel, der durch eine Scheidewand in eine linke und eine rechte Herzhälfte getrennt ist. Es pumpt das Blut durch unseren Körper, indem es abwechselnd erschlafft und sich dann wieder zusammenzieht.

Der Blutkreislauf

Unser Blutkreislauf besteht aus Arterien, Kapillaren und Venen.

Arterien führen das Blut vom Herzen weg. Sie verzweigen sich im Körper und gehen in haardünne Kapillaren über. An den Kapillaren findet ein Stoffaustausch statt.

Sauerstoff, im Blut gelöste Nahrungsbausteine, Mineralien, Vitamine und andere Stoffe werden an die Zellen des Körpers abgegeben. Kohlenstoffdioxid und von den Zellen nicht mehr benötigte Abfallstoffe werden gleichzeitig vom Blut aufgenommen und weggeführt.

Die Kapillaren münden schließlich in eine Vene. Venen werden die Blutgefäße genannt, die das Blut wieder zum Herzen hinführen.

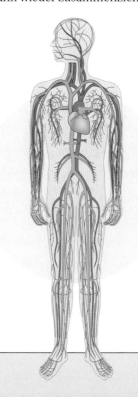

2.5
Fortpflanzung, Wachstum und Entwicklung

Wichtige Veränderungen ▸▸ Es ist meist sehr lustig Kinderfotos der Eltern zu betrachten. Welch großer Unterschied doch zu ihrem heutigen Aussehen besteht! Sie sind nicht nur größer geworden, sondern sie haben sich zu Erwachsenen entwickelt. Manch einer stellt auch bei sich selbst schon den Beginn derartiger Veränderungen des Körpers fest. *Was passiert, wenn ein Mädchen zur Frau bzw. ein Junge zum Mann wird? Verändert sich nur unser Körper?*

Ein ganz besonderer Tag ▸▸ Jeder kennt seinen Geburtstag. Wir laden uns Gäste ein und freuen uns über die Geschenke. Den Tag unserer Geburt feiern wir jedes Jahr. Werden wir nach unserem Alter befragt, geben wir die Zeitspanne ab diesem denkwürdigen Tag an. *Hat unser Leben wirklich erst mit dem Tag unserer Geburt begonnen?*

Junge oder Mädchen?

Eltern hören diese Frage von Fremden nach einem Blick auf ihr Kind recht oft (Abb. 1). Es ist ja auch wirklich schwer, Babys und Kleinkinder nur vom Gesicht her nach dem Geschlecht zu unterscheiden.

Beim Baden der Babys ist diese Frage ganz schnell geklärt. Denn an den **äußeren Geschlechtsorganen** kann man sofort erkennen, ob es sich um ein Mädchen oder einen Jungen handelt. Diese Geschlechtsmerkmale sind von Geburt an vorhanden, man nennt sie deshalb auch **primäre Geschlechtsmerkmale.**

Beim **Jungen** gehören zu diesen primären Geschlechtsmerkmalen:
- das männliche Glied (Penis) und
- der Hodensack, in dem sich die beiden Hoden befinden.

Beim **Mädchen** gehören zu den primären Geschlechtsmerkmalen:
- die großen und kleinen Schamlippen,
- der Scheideneingang und der Kitzler.

Hormone sind Wirkstoffe, die in Drüsen gebildet werden und über das Blut in den Körper gelangen.

Im Alter von 10 bis 13 Jahren verändert sich der Körper beider Geschlechter sehr stark. Man nennt diese Zeit **Reifezeit** oder **Pubertät** (s. S. 95). In dieser Zeit bilden sich bei beiden Geschlechtern weitere *Unterscheidungsmerkmale* zwischen Mädchen und Jungen aus.

Man bezeichnet diese Merkmale auch als **sekundäre Geschlechtsmerkmale**, weil sie sich erst im Laufe der Reifentwicklung ausprägen. Beim *Mädchen* sind das: Abrundung der Körperformen, Verbreiterung des Beckens (Abb. 2), Entwicklung der Brüste, Achsel- und Schambehaarung, Bildung erster reifer Eizellen, Einsetzen der Menstruation.

Beim *Jungen* sind das: Ausprägung des männlichen Körperbautyps (kräftigere Muskeln, breite Schultern, Abb. 2), Stimmbruch, Bartwuchs, Achsel- und Schambehaarung, stärkere Körperbehaarung, Vergrößerung der Hoden, Bildung erster reifer Samenzellen.

Gesteuert werden diese Reifungsprozesse durch **Hormone** (Botenstoffe).

1 ▸ Junge oder Mädchen

2 ▸ Sogar von hinten eindeutig: Mann und Frau

Pubertät – Übergang vom Kind zum Erwachsenen

Ein bedeutsamer Abschnitt in der Entwicklung jedes Menschen ist der Übergang vom Kind zum Erwachsenen. Dieser Zeitraum, in dem das Mädchen zur Frau und der Junge zum Mann heranreift, wird **Reifezeit** oder **Pubertät** genannt.

Sie beginnt bei Mädchen ungefähr mit 11 Jahren, bei Jungen ungefähr mit 13 Jahren. Abgeschlossen ist sie bei den Mädchen mit 16 bis 17 Jahren, bei den Jungen mit 17 bis 19 Jahren.

Im Pubertätsalter gibt es zwischen den einzelnen Jungen und Mädchen ziemliche Entwicklungsunterschiede. Die einen erreichen ihre körperliche Reife früher, die anderen später.

Während der Pubertät vollziehen sich wichtige Veränderungen am Körper und in den Funktionen seiner Organe, insbesondere der Geschlechtsorgane – der Eintritt der **Geschlechtsreife.**

Der Beginn der Pubertät macht sich äußerlich durch einen starken **Wachstumsschub** bemerkbar, der bei den Mädchen etwas früher einsetzt als bei den Jungen. Später holen diese die Mädchen wieder ein und überholen sie in der Körperlänge. Das Wachstum ist verbunden mit Veränderungen der Körperformen und Merkmale. Es bilden sich jetzt die typischen Körpermerkmale von Frau und Mann, die *sekundären Geschlechtsmerkmale*, heraus.

Im **weiblichen Geschlecht** sind das z. B. die Brüste, die runden Körperformen, das breitere Becken, Achsel- und Schambehaarung, Menstruation (Abb. 1 a).

In den Geschlechtsorganen des **jungen Mannes** wird mit Erreichen der Pubertät Spermienflüssigkeit gebildet, die reife Spermienzellen enthält. Er wird damit, biologisch gesehen, fortpflanzungsfähig. Im Zusammenhang damit bilden sich bei ihm auch äußerlich die typischen *sekundären männlichen Geschlechtsmerkmale* aus, z. B. muskulöser Körperbau, Bartwuchs, tiefere Stimme (Abb. 1 b).

Die Entwicklungsunterschiede in der Pubertät gleichen sich wieder aus. Die „Spätentwickler" brauchen also keine Minderwertigkeitskomplexe gegenüber den „Frühentwicklern" zu haben.

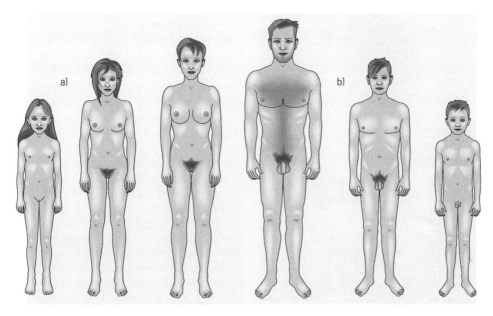

1 ▸ Pubertäre Entwicklung: a) zur Frau   b) zum Mann

Problemphase Pubertät?

Im Verlauf der Pubertät verändert sich aber nicht nur der Körper der Jugendlichen, sondern auch ihre **„Psyche"**. Darunter versteht man die Empfindungen und Stimmungen, die Einstellungen und Verhaltensweisen zur eigenen Person, zu den Eltern, Freunden und zur Umwelt.

Jeder Junge und jedes Mädchen erlebt diese Zeit des Übergangs in der ihnen eigenen Weise. Manchen fällt es leichter, anderen schwerer, mit den Veränderungen zurechtzukommen.

Man bezeichnet die Pubertät auch als „Flegeljahre".

Viele Jugendliche sind betont selbstbewusst. Sie lehnen gern Pflichten und Normen ab, führen Auseinandersetzungen mit Eltern oder Lehrern (Abb. 2).

Auch die Beziehungen zwischen Jungen und Mädchen ändern sich in dieser Zeit. Die Mädchen achten verstärkt auf ihr Aussehen und wollen den Jungen gefallen.

Die Jungen wollen den Mädchen durch mutiges Auftreten und Vorführen ihrer Kraft imponieren.

2 ▸ Immer wieder Stress wegen der Kleidung!

Freundschaften bilden sich und gehen wieder auseinander. Die einen zieht es mehr zur Gruppe, die anderen sind lieber allein oder zu zweit.

Zwischen Jungen und Mädchen bilden sich auch **Partnerbeziehungen** von verschiedener Art und Dauer heraus. Man ist zum ersten Mal verliebt (Abb. 1) oder hat sogar den ersten Liebeskummer.

Früher oder später erwacht das Bedürfnis nach Austausch von Zärtlichkeiten, Küssen, Schmusen, Streicheln. Jungen und Mädchen interessieren sich zunehmend für sexuelle Fragen, möchten mehr darüber erfahren. Hierüber kann man offen sprechen, mit Eltern, Bekannten, auch mit Lehrern.

Sexuelle Kontakte und Partnerbeziehungen sollten aber nicht zu früh oder unüberlegt aufgenommen werden. Wichtig ist hierbei, dass man sich vorher gründlich kennen lernt und dass man die Gefühle und Einstellungen des Anderen achtet; außerdem darf man nichts erzwingen.

> Die Mädchen durchlaufen zwischen dem 11. und 17., die Jungen zwischen dem 13. und 19. Lebensjahr ihre geschlechtliche Reifezeit, die Pubertät. Dies ist verbunden mit der Ausprägung der sekundären Geschlechtsmerkmale, der Entwicklung der Geschlechtsreife sowie Veränderungen in den Gefühlen und Verhaltensweisen der Jugendlichen.

1 ▸ Zum ersten Mal verliebt

2

Fortpflanzung des Menschen

Bau und Funktionen der männlichen Geschlechtsorgane

Die äußeren Geschlechtsorgane des Jungen / Mannes sind Penis und Hodensack, in dem sich die beiden Hoden befinden. Der **Penis**, er wird auch Glied genannt, besteht aus einem Schaft mit Schwellkörpern und der *Eichel*.

Die Eichel wird von einer verschiebbaren *Vorhaut* bedeckt. Diese schützt die sehr empfindliche Eichel. Aus medizinischen oder religiösen Gründen wird die Vorhaut manchmal entfernt.

Durch den Penis verläuft die *Harn-Spermien-Röhre*.

Penis und Hodensack verändern sich im Laufe der Entwicklung. Der Penis wird länger und der Hodensack größer.

Zu den **inneren Geschlechtsorganen** des Mannes gehören die **Hoden**, Nebenhoden, der Spermienleiter, Drüsen und die Harn-Spermien-Röhre (Abb. 1). Hauptaufgabe der inneren Geschlechtsorgane ist die Bildung der Geschlechtszellen. Die **Spermien,** so heißen die **männlichen Geschlechtszellen,** werden in den Hoden gebildet. Die Spermien sind winzig kleine (0,06 mm lange) Zellen. Sie bestehen aus einem *Kopfstück* (1), dem *Hals* (2), dem *Mittelstück* (3) und einem *Schwanzfaden* (4), mit dem sie sich fortbewegen können.

Die Spermien werden nach der *Geschlechtsreife* ständig in großer Anzahl gebildet und in den Nebenhoden gespeichert. Auf dem Weg dorthin gibt die **Vorsteherdrüse** (Prostata) Flüssigkeit zu den Spermien hinzu, es entsteht die **Spermienflüssigkeit.** Diese macht die Spermien beweglich.

Die Abgabe der Spermienflüssigkeit, der Spermienerguss, erfolgt beim Geschlechtsverkehr oder durch unwillkürliche Entleerung *(Pollution)*, z. B. im Schlaf. Dabei gelangen die Spermien durch die Spermienleiter nach oben und werden über die Harn-Spermien-Röhre nach außen abgegeben.

Mit der Bildung der Spermien und der Abgabe der Spermienflüssigkeit ist der Junge geschlechtsreif und kann Kinder zeugen.

Jetzt muss auf die tägliche **Hygiene** besonders geachtet werden. Unter der Vorhaut des Penis sammeln sich Haut- und Ausscheidungsreste, die zu Entzündungen führen können. In der Pubertät verstärken aber auch die Schweiß- und Talgdrüsen der Haut ihre Tätigkeit. Bakterien können sich ansiedeln. Das führt zu unangenehmer Geruchsbildung. Verstopfte Talgdrüsen, die von Bakterien besiedelt werden, lassen Pickel entstehen.

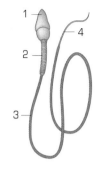

Spermium:

1 – Kopfstück

2 – Hals

3 – Mittelstück

4 – Schwanzfaden

> Zu den männlichen Geschlechtsorganen gehören Glied (Penis), Hoden, Nebenhoden und Spermienleiter. Männliche Geschlechtszellen (Spermienzellen) bilden sich in den Hoden. **M**

Aufgabe ❓

Überlege, in welcher Form die Körperreinigung im Pubertätsalter erfolgen sollte.

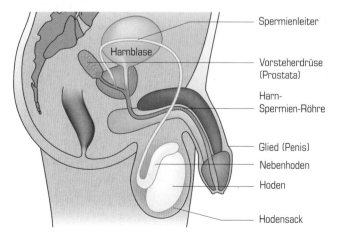

Spermienleiter

Harnblase

Vorsteherdrüse (Prostata)

Harn-Spermien-Röhre

Glied (Penis)

Nebenhoden

Hoden

Hodensack

1 ▶ Bau der männlichen Geschlechtsorgane

Bau und Funktionen der weiblichen Geschlechtsorgane

Bei den Mädchen liegen im Gegensatz zu den Jungen die meisten Geschlechtsorgane im Innern des Körpers (Abb. 1).

Geschützt in der Bauchhöhle liegen die zwei **Eierstöcke**. Zwei dünne Schläuche, die **Eileiter**, führen zur **Gebärmutter.** Die Gebärmutter ist ein etwa faustgroßer Hohlmuskel, der sehr dehnbar ist. In ihm wächst und entwickelt sich das Kind während der Schwangerschaft.

Daran schließt sich eine etwa 10 cm lange elastische Röhre an, die **Scheide.** Sie ist mit einer Schleimhaut ausgekleidet. Die Scheidenöffnung wird verdeckt von den kleinen und großen **Schamlippen.** Dazwischen liegt der sehr berührungsempfindliche **Kitzler.**

Bei jungen Mädchen ist die Scheidenöffnung durch ein dünnes Häutchen fast verschlossen. Man nennt es das *Jungfernhäutchen.*

In den Eierstöcken werden die weiblichen Keimzellen, auch **Eizellen** genannt, gebildet.

Schon in den Eierstöcken von neugeborenen Mädchen sind mehrere Hunderttausend Eizellen angelegt.

Mit Eintritt der Geschlechtsreife (11. bis 14. Lebensjahr) wächst in den Eierstöcken alle vier Wochen ein Ei zu einem Eibläschen heran. Beim Platzen, dem so genannten **Eisprung,** wird die reife Eizelle freigegeben. Diese wird vom Trichter eines Eileiters aufgefangen und von dessen Flimmerhärchen in die Gebärmutter transportiert.

Ab jetzt kann das Mädchen beim Geschlechtsverkehr schwanger werden und ein Kind bekommen.

Alle vier Wochen bereitet sich die Gebärmutter darauf vor, eine befruchtete Eizelle aufzunehmen. Ihre Schleimhaut verdickt sich und wird gut durchblutet. Wird die Eizelle nicht befruchtet, stirbt sie ab. Die verdickte *Gebärmutterschleimhaut* wird nicht benötigt. Sie löst sich ab und wird unter Blutungen über die Scheide ausgeschieden.

Diese **Menstruations-** oder **Monatsblutung** dauert vier bis fünf Tage. Da sie regelmäßig abläuft, wird sie auch *Regel* oder *Periode* genannt.

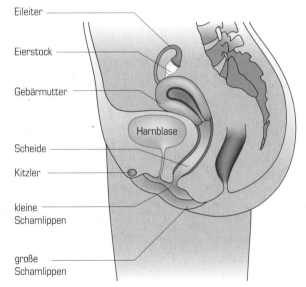

Eileiter
Eierstock
Gebärmutter
Harnblase
Scheide
Kitzler
kleine Schamlippen
große Schamlippen

1 ▸ Geschlechtsorgane der Frau

 Weibliche Geschlechtsorgane sind Eierstöcke, Eileiter, Gebärmutter und Scheide. Die weiblichen Geschlechtszellen (Eizellen) werden in den Eierstöcken gebildet.

Aufgaben

1. *Stelle in einer Tabelle die Aufgaben von Eierstock, Eileiter und Gebärmutter dar.*

2. *Was bedeutet der Begriff „Eisprung"?*

3. *Beschreibe anhand der Abbildungen 1 auf Seite 99 den Menstruationszyklus der Frau.*

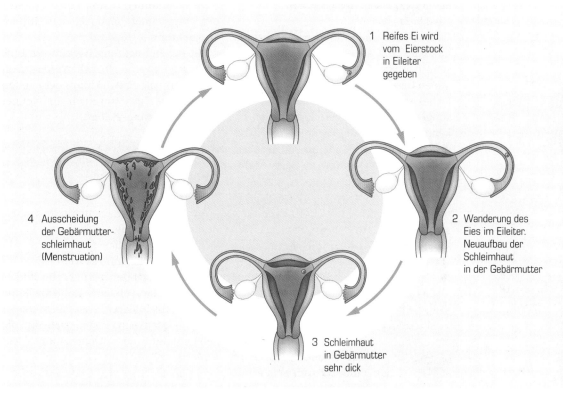

1 Reifes Ei wird
vom Eierstock
in Eileiter
gegeben

4 Ausscheidung
der Gebärmutter-
schleimhaut
(Menstruation)

2 Wanderung des
Eies im Eileiter.
Neuaufbau der
Schleimhaut
in der Gebärmutter

3 Schleimhaut
in Gebärmutter
sehr dick

1 ▶ Menstruationszyklus (Gesamtschema)

Die Gesamtheit der periodisch ablaufenden Vorgänge in den Geschlechtsorganen der Frau nennt man **Menstruationszyklus** (Abb. 1).

Bei Mädchen, die sich in der Pubertät befinden, braucht der einsetzende Menstruationszyklus eine gewisse Zeit, bis er regelmäßig abläuft.

Durch Erkrankungen, Aufregungen und Ortswechsel kann die regelmäßige Monatsblutung durcheinander gebracht werden.

Deshalb ist es am besten, wenn jedes Mädchen bzw. jede Frau einen **Regelkalender** führt. Darin wird jeder Tag vermerkt, an dem die Blutung erfolgte, auch wie stark die Blutung war.

Damit hat man auch eine gute Übersicht, ob alles normal verläuft oder ob der Regelzyklus unterbrochen ist.

Treten lange Zeit größere Unregelmäßigkeiten, Schmerzen im Unterleib oder andere Beschwerden auf, sollte man unbedingt den **Frauenarzt** aufsuchen.

Hygiene der weiblichen Geschlechtsorgane

Auch Mädchen müssen bei der täglichen Körperpflege die äußeren Geschlechtsorgane gründlich waschen. Hier sammeln sich sonst Urinreste und andere Absonderungen aus der Scheide an und können zu Körpergeruch und Hautreizungen führen.

Besondere Hygienemaßnahmen sind während der *Monatsblutung* erforderlich. Zum Auffangen des Menstruationsblutes können Slipeinlagen (Monatsbinden) vor die Scheidenöffnung gelegt oder Tampons in die Scheide eingeführt werden.

Befruchtung und Schwangerschaft

Wenn Mann und Frau sich sehr lieben, möchten sie auch sexuell zusammen sein, d. h. sie schlafen miteinander, sie haben **Geschlechtsverkehr.**
Dabei wird durch Streicheln und Liebkosungen das männliche Glied steif und kann in die Scheide der Frau eingeführt werden. Auf dem Höhepunkt dieser zärtlichen Kontakte kommt es beim Mann zum **Spermienerguss.**

Dabei wird die Spermienflüssigkeit in die Scheide der Frau abgegeben. Bei jedem Spermienerguss werden viele Millionen Spermien ausgestoßen.

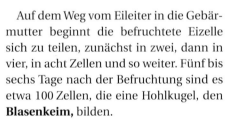

Die Spermienzellen schwimmen mithilfe ihrer Schwanzfäden durch die Gebärmutter bis in die Eileiter. Wenn sich dort gerade eine reife Eizelle befindet, kann es zum Eindringen einer Spermienzelle in die Eizelle kommen.
Von den vielen Millionen Spermien gelingt es nur einer einzigen, in die reife Eizelle einzudringen. Diesen Vorgang nennt man **Befruchtung.**

Da sie im Inneren des Körpers stattfindet, bezeichnet man sie als **innere Befruchtung.**
Mit der Befruchtung beginnt die Entwicklung eines neuen Lebewesens. Den Zeitraum der Entwicklung des neuen Lebewesens im Mutterleib bezeichnet man als **Schwangerschaft.**

> **M** Befruchtung ist die Verschmelzung von Spermienzelle und Eizelle.

Auf dem Weg vom Eileiter in die Gebärmutter beginnt die befruchtete Eizelle sich zu teilen, zunächst in zwei, dann in vier, in acht Zellen und so weiter. Fünf bis sechs Tage nach der Befruchtung sind es etwa 100 Zellen, die eine Hohlkugel, den **Blasenkeim,** bilden.
Der Blasenkeim nistet sich in die Schleimhaut der Gebärmutter ein (Abb. 2).

In den nächsten Wochen entwickelt sich in dem Blasenkeim der **Embryo** (Keimling).
Schon vier Wochen nach der Befruchtung kann man an dem erst 5 mm langen Embryo die beginnende Gliederung in Kopf und Rumpf sowie die Herzanlage erkennen.
Durch ein zottenartiges Organ ist er fest mit der Gebärmutterschleimhaut verbunden. Hieraus entwickelt sich im weiteren Verlauf der **Mutterkuchen** (Plazenta), das Ernährungsorgan für das heranwachsende Kind.

Mit sechs Wochen bilden sich an dem jetzt 1,5 cm langen Embryo die Arm- und Beinanlagen.

Mit zwölf Wochen sieht er schon wie ein richtiger kleiner Mensch aus.
Alle Organe sind angelegt. Finger und Zehen sind ausgebildet.

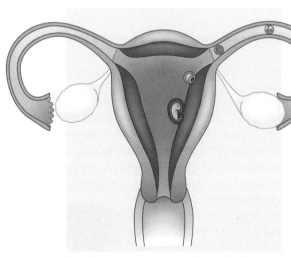

2 ▸ Weg der befruchteten Eizelle und Einnistung in die Gebärmutter

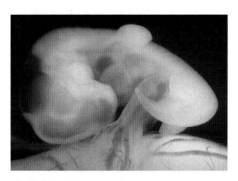

1 ▸ Embryo in der 6. Woche

Ab dem 4. Monat nennt man das kleine menschliche Wesen nicht mehr **Embryo,** sondern **Fetus**. Er ist von einer mit Fruchtwasser gefüllten **Fruchtblase** umgeben, die ihn vor Druck, Erschütterungen und Stoß schützt.

Über die **Nabelschnur** ist das Kind mit dem **Mutterkuchen** an der Gebärmutterwand verbunden und erhält auf diesem Wege aus dem Blut der Mutter Sauerstoff und Nährstoffe (Abb. 2).

Ab dem 4. bis 5. Monat verspürt die Mutter die Bewegungen des Kindes in ihrem Bauch. Man kann jetzt auch den Herzschlag des Kindes abhören und messen.

In den letzten Monaten (6.–9. Monat) bis zur Geburt wächst das Kind weiter heran und bildet seinen Körper voll aus. Pro Monat nimmt es ungefähr 5 cm an Körperlänge und 300 g an Gewicht zu.

Der Bauch der Mutter wölbt sich nun stark vor (Abb. 3).

Für die Frau wird es immer mühsamer, das Kind mit sich herumzutragen. Körperliche Tätigkeiten strengen sie an und sie ermüdet leichter. In dieser Zeit braucht sie viel Ruhe und mehr und mehr Hilfe und Unterstützung ihrer Familie.

Etwa 9 Monate dauert die Entwicklung im Mutterleib, dann wird das Kind geboren. Die Geburt setzt mit Wehen ein.

Durch die Nabelschnur gibt das Kind Kohlenstoffdioxid und Abfallprodukte an die Mutter ab. Das führt dazu, dass manchen Frauen in der ersten Zeit der Schwangerschaft manchmal schlecht ist.

> **Die Entwicklung der befruchteten Eizelle bis zum geburtsreifen Baby im Bauch der Mutter nennt man Schwangerschaft. In den ersten Monaten werden alle Organe angelegt. Das heranwachsende Kind wird über Mutterkuchen und Nabelschnur mit Nahrung und Sauerstoff versorgt.** (M)

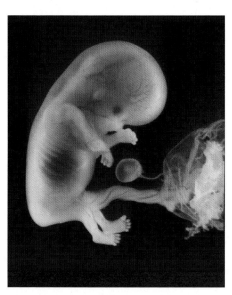

2 ▸ Fetus im 4. Monat

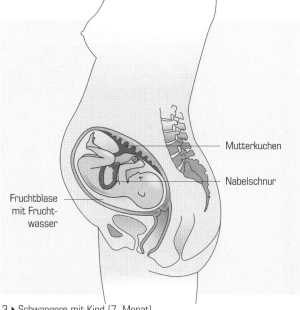

Mutterkuchen

Nabelschnur

Fruchtblase mit Fruchtwasser

3 ▸ Schwangere mit Kind (7. Monat)

Basiskonzept

Fortpflanzung

Viele Lebewesen pflanzen sich geschlechtlich fort. Das bedeutet, es existieren männliche und weibliche Organismen. Die männlichen Organismen bilden männliche Keimzellen (Spermien) aus und die weiblichen Organismen weibliche Keimzellen (Eizellen). Verschmelzen eine männliche und eine weibliche Keimzelle, nennt man diesen Vorgang Befruchtung. Aus der befruchteten Eizelle entwickelt sich ein neuer Organismus. Dieser Prozess wird als Reproduktion bezeichnet und dient der Erhöhung des individuellen Fortpflanzungserfolges bzw. der Verbesserung der eigenen Fortpflanzungsmöglichkeit u. a. durch eine Neukombination des Erbmaterials.

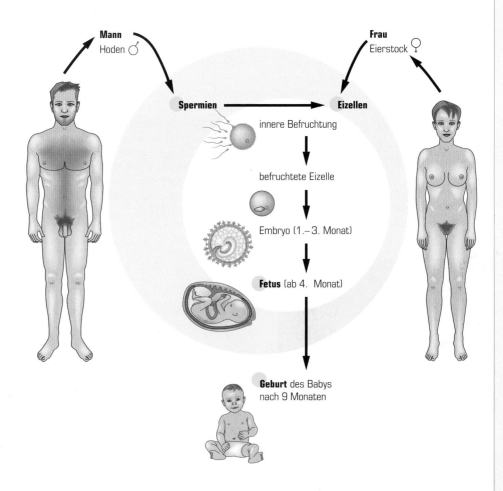

Mann
Hoden ♂

Frau
Eierstock ♀

Spermien ⟶ Eizellen

innere Befruchtung

befruchtete Eizelle

Embryo (1.–3. Monat)

Fetus (ab 4. Monat)

Geburt des Babys
nach 9 Monaten

Bei Pflanzen existiert ebenfalls die geschlechtliche Fortpflanzung. Übertrage die Kenntnisse über die Fortpflanzung auf ein selbstgewähltes Beispiel.

2

Verantwortung für das ungeborene Kind

Im Verlauf der Schwangerschaft gibt es vielfältige **Gefahren für das heranwachsende Kind**. Besonders groß sind diese in den ersten drei Schwangerschaftsmonaten, wenn sich beim Kind die Organe ausbilden.

Gefährlich sind dabei vor allem:
- Rauchen,
- übermäßiger Alkoholgenuss,
- Drogeneinnahme,
- unkontrollierte Medikamenteneinnahme,
- bestimmte Infektionskrankheiten, beispielsweise Röteln, Geschlechtskrankheiten,
- Röntgenstrahlen.

Dadurch werden die inneren Organe des heranwachsenden Kindes geschädigt. Es kommt möglicherweise zur Frühgeburt oder das Kind kommt krank zur Welt.

Die Schwangerschaft bewirkt große Veränderungen im Körper der Frau, die ihren Organismus stärker belasten und auch **allgemeine Beschwerden** verursachen können.

Während der gesamten Schwangerschaft finden verschiedene ärztliche **Vorsorgeuntersuchungen** statt.

Dabei wird kontrolliert, ob alles normal verläuft und Mutter und Kind gesund sind.

Mit modernen medizintechnischen Geräten (z. B. **Ultraschallgerät,** Abb. 1) kann man auf einem Bildschirm die Lage und Größe des Kindes sehen, die Entwicklung der Organe untersuchen und auch frühzeitig feststellen, ob Zwillinge unterwegs sind.

Alle Ergebnisse der Untersuchungen werden in einen **Mutterpass** eingetragen.

Während der gesamten Schwangerschaft sollte die werdende Mutter viel Obst und Gemüse essen und viel trinken (Tee, Obst- und Gemüsesäfte).

Zur **Geburtsvorbereitung** kann sie an **Kursen** teilnehmen. Dort lernt sie u. a. die richtige Atemtechnik für den Geburtsvorgang. Durch Schwangerschaftsgymnastik wird der ganze Körper der werdenden Mutter gelockert.

Aufgabe

Informiere dich über Maßnahmen und Einrichtungen zur Betreuung der werdenden Mutter während der Schwangerschaft. Sprich darüber mit deiner Mutter.

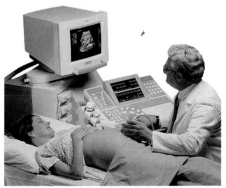

1 ▶ Kontrolle mithilfe des Ultraschallgerätes

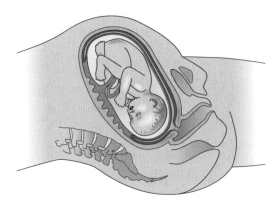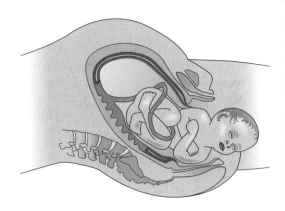

1 ▸ Das Kind wird in den Gebärmutterausgang gedrückt a), aus dem Körper gepresst b).

Ein Kind wird geboren

In Bayern sind im Jahre 1997 130 500 Kinder geboren worden. 2002 lag die Geburtenzahl bei 113 818, 2003 bei 111 540.

Die **Geburt** kündigt sich für die Frau durch ziehende Schmerzen in Unterleib und Rücken an. Diese **Wehen** werden durch Zusammenziehen der Gebärmuttermuskulatur hervorgerufen.

Das Kind wird dabei mit dem Kopf in Richtung Gebärmutterausgang gedrückt. Da die Scheide (der Geburtskanal) sehr eng ist, hilft die Mutter bei der Geburt aktiv mit.

Sie spannt ihre Bauchmuskeln an und presst mit den Wehen das Kind aus ihrem Körper. Arzt und Hebamme helfen ihr dabei (Abb. 1–2).

Das Neugeborene hängt zunächst noch an der **Nabelschnur.** Mit dem ersten Schrei füllt es seine Lungen mit Luft und beginnt selbst zu atmen.

Nun kann die Nabelschnur abgebunden und durchtrennt werden. Etwa 20 Minuten danach wird der Mutterkuchen mit den Resten von Nabelschnur und Fruchtblase als so genannte **Nachgeburt** ausgestoßen. Damit ist der Geburtsvorgang beendet.

Die Frau kann ihr Kind zu Hause, in einem Geburtshaus oder in der Klinik zur Welt bringen. Letzteres bedeutet insbesondere bei Risikogeburten für Mutter und Kind mehr Sicherheit, weil bei Komplikationen sofort ärztliche Hilfe und Medizintechnik bereitstehen.

> **M** Nach etwa 9 Monaten wird das Kind durch die Wehen aus dem Körper der Mutter herausgedrückt. Es wird geboren. Dabei helfen Arzt und Hebamme.

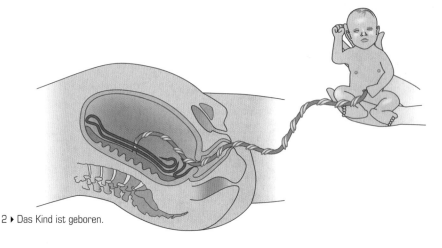

2 ▸ Das Kind ist geboren.

2

Nachgeburtliche Entwicklung

Entwicklung des Säuglings

In den **ersten Wochen** nach der Geburt **schläft** das Baby 14 bis 18 Stunden am Tag. Wenn es wach ist, strampelt es mit Armen und Beinen und gibt quietschende oder glucksende Laute von sich. Wenn es Hunger verspürt, seine Windeln voll gemacht hat oder wenn etwas anderes nicht in Ordnung ist, beginnt es zu weinen und zu schreien.

Alle drei bis vier Stunden braucht das Baby **Nahrung.** Die allerbeste Nahrung für das Baby ist die Muttermilch (Abb. 2). Sie enthält die Nährstoffe in der nötigen Zusammensetzung und sogar Abwehrstoffe gegen Krankheiten.

Eine andere Möglichkeit ist die Ernährung mit Fertigmilchnahrung, die mit dem Trinkfläschchen verabreicht wird (Abb. 3). Ab dem 6. Monat kann dann auch Breinahrung mit dem Löffel gefüttert werden.

Neben dem Füttern sind Windeln, Waschen und Baden weitere Pflegemaßnahmen. Daran kann sich auch der Vater beteiligen (Abb. 1). Diese Tätigkeiten sind aber auch Formen der liebevollen Kontaktaufnahme der Eltern zu ihrem Kind.

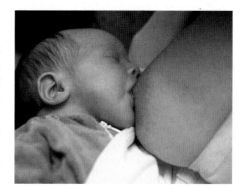

2 ▸ Stillen des Babys

Das ist sehr wichtig für dessen gesunde Entwicklung.

Bereits Ende des **1. Monats** verfolgt das Baby Personen und Gegenstände mit den Augen und unterscheidet Töne und Geräusche. Manche lächeln sogar schon, wenn sie das Gesicht der Mutter sehen oder ihre Stimme hören.

Mit **3 Monaten** kann das Baby den Kopf heben und nach vorgehaltenen Gegenständen greifen (Abb. 1, S. 106). Besonders interessant sind auffällig bunte Gegenstände und solche, die beim Bewegen Geräusche machen. Aber hier muss man aufpassen: Babys stecken gern alles in den Mund!

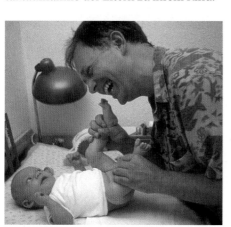

1 ▸ Schmusen mit Papa

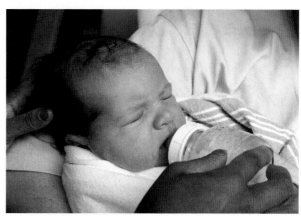

3 ▸ Liebevolles Füttern des Babys

1 ▸ Heben des Kopfes

2 ▸ Hochziehen am Gitter

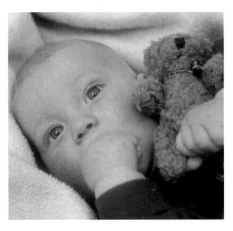

3 ▸ Spielen mit Stofftieren

Nach **5 Monaten** kann sich das Baby in der Bauchlage aufstützen und den Körper drehen. Mit **6 Monaten** beginnt es zu sitzen.

Ab dem **8./9. Monat** beginnt es zu robben und zu krabbeln, also sich mit Händen und Füßen fortzubewegen.

Im **10./11. Monat** zieht es sich zum Stand hoch (Abb. 2), und am Ende des ersten Jahres macht es an der Hand gehalten erste Laufschritte und Gehversuche.

Parallel dazu entwickeln sich das Sehen und Hören sowie das Spielen und die Sprache.

Babys und Kleinkinder spielen gern mit Figuren zum Anfassen und Schmusen (Abb. 3). Dabei lachen und kreischen sie vergnügt und machen erste einfache Lautäußerungen wie „baba", „tata".

Am Ende des ersten Lebensjahres lernen sie erste Worte sprechen, z. B. Mama, Papa, Oma, Opa. Sie reagieren auch schon auf Gebote und Verbote.

Im Säuglingsalter finden sechs ärztliche Untersuchungen statt. Dabei überprüft der Arzt, ob sich das Kind gesund entwickelt.

Das Neugeborene ist noch längere Zeit auf intensive Betreuung angewiesen.

Aufgabe

Schildere die Entwicklung des Babys im ersten Jahr nach seiner Geburt und die erforderlichen Maßnahmen seiner Betreuung.

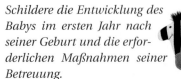

Nutze deine eigenen Erfahrungen mit jüngeren Geschwistern oder sprich mit deiner Mutter darüber.

Sexuelle Gewalt und sexueller Missbrauch

Sexualität ist ein Wesensmerkmal des Menschen, sexuelle Beziehungen sind ein wichtiger Bestandteil menschlichen Verhaltens. Wenn zwei Menschen sich lieben und Zärtlichkeiten austauschen, so ist das etwas sehr Schönes, in körperlicher wie in geistig-seelischer Hinsicht.

Es gibt aber negative oder sogar abartig krankhafte Formen sexuellen Verhaltens. Das sind solche sexuellen Handlungen, die **gegen** den Willen der Betroffenen, mit **Gewaltanwendungen** oder **Drohungen,** vollzogen werden.

Ganz besonders schlimm ist der **sexuelle Missbrauch von Kindern.** Sexueller Missbrauch bedeutet, dass Mädchen oder Jungen zu sexuellen Handlungen verführt oder gezwungen werden, z. B. zum Anschauen oder Berühren der Geschlechtsorgane oder auch zum gewaltsamen Geschlechtsverkehr mit Verletzung oder sogar anschließender Tötung. Sexueller Missbrauch wird deshalb unter schwere Strafe gestellt.

Die Täter sind in solchen Fällen zumeist Personen, die ihre Opfer im Auto mitnehmen oder durch Geld, Geschenke, Süßigkeiten und Versprechungen an einsame Orte locken.

Es sind nicht immer Fremde, die Kinder missbrauchen, oft sind es Bekannte, Verwandte oder sogar Familienangehörige (Vater, Stiefvater, Bruder).

Die strafbaren sexuellen Handlungen finden in solchen Fällen oft wiederholt über längere Zeit statt. Sie werden erst spät aufgedeckt, weil die betroffenen Kinder durch Belohnungen oder Druck zum Schweigen gezwungen werden oder sich schämen, offen darüber zu sprechen.

Nicht jede Zärtlichkeit zwischen Erwachsenen und Kindern/Jugendlichen ist gleich sexueller Missbrauch. Daher keine Panik, aber im Zweifels- oder Wiederholungsfall nicht schweigen, sondern offen Rat und Hilfe holen.

Beachte deshalb:

- Du darfst dich nicht in Gefahr begeben, z. B. niemals zu Fremden in ein Auto steigen, dich nicht an einsame Orte locken lassen.
- Du darfst dich nicht von Bekannten oder Verwandten zu sexuellen Handlungen überreden lassen, auch keine Belohnungen oder Geschenke dafür annehmen.
- Du solltest sofort mit den Eltern oder anderen Vertrauenspersonen sprechen, wenn jemand dich missbrauchen will oder missbraucht hat.
- Du musst lernen, **„Nein!"** zu sagen, wenn es dir unangenehm ist, **wie** dich jemand berührt.

Aufgaben

1. Erweitere dein Glossar um folgende Begriffe: *primäre/sekundäre Geschlechtsmerkmale, Pubertät, Geschlechtsreife, weibliche/männliche Geschlechtsorgane, Menstruationszyklus, Fetus, Befruchtung, Schwangerschaft, Embryo*

Glossar

primäre Geschlechtsorgane:
sekundäre Geschlechtsorgane:

2. Stelle die Teile der männlichen und weiblichen Geschlechtsorgange in einer Tabelle nach folgendem Muster zusammen.

Geschlechtsorgane	Mann	Frau
äußere		
innere		

3. Erkläre, welche Bedeutung das gewissenhafte Führen eines „Regelkalenders" hat ?

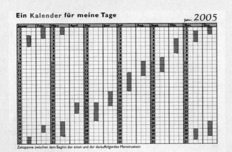

Ein Kalender für meine Tage   Jan. 2005

Zeitspanne zwischen dem Beginn der einen und der darauffolgenden Menstruation

4. Die werdende Mutter soll nicht rauchen, keinen Alkohol trinken und möglichst keine Medikamente einnehmen.
Diskutiere diese Aussage und begründe deine Meinung.

5. Beschreibe anhand von Abbildungen die Entwicklung des Kindes im Mutterleib und die Geburt.

6. In der Gebärmutter ist der Embryo durch Fruchtwasser und Fruchtblase geschützt. Überprüfe mit einem Modell die Wirkung von Fruchtwasser und Fruchtblase.

   a) Lege dazu ein rohes Ei mit unbeschädigter Schale in einen mit Wasser gefüllten Plastikbeutel und verschließe ihn.
   Lege den Plastikbeutel in ein Becherglas und schüttle. Schüttle das Becherglas erst vorsichtig und dann kräftiger hin und her.

   b) Lege das Ei ohne Plastikbeutel in das Becherglas und schüttle wieder.
   Beschreibe deine Beobachtungen. Ordne die Teile des Modells den entsprechenden Teilen im Mutterleib zu.

7. Schau dir Babyfotos von dir und deinen Familienmitgliedern an. Schildere deine Entwicklung im ersten Jahr nach der Geburt. Befrage auch deine Mutter dazu.

8. Erkläre die körperlichen Veränderungen während der Pubertät
   a) beim Mädchen,
   b) beim Jungen.

9. Diskutiere über Erfahrungen und Probleme mit Verhaltensänderungen im Pubertätsalter.

10. Wie können Kinder Gefahrensituationen für sexuellen Missbrauch und für Gewalttaten vermeiden? Wie können sie zur Aufklärung solcher Vorfälle beitragen?
Übt in der Klasse entsprechende Verhaltensweisen beim Rollenspiel.

11. Die rote Schleife ist seit einigen Jahren das Symbol im Kampf gegen Aids.
Bereite mithilfe des Internets einen kleinen Vortrag über die Geschichte der Aidsschleife vor.

Bau und Funktion der Geschlechtsorgane

männliche Geschlechtsorgane

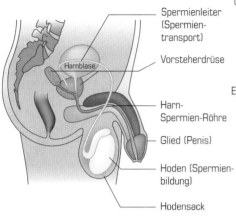

Spermienleiter
(Spermien-
transport)

Vorsteherdrüse

Harnblase

Harn-
Spermien-Röhre

Glied (Penis)

Hoden (Spermien-
bildung)

Hodensack

weibliche Geschlechtsorgane

Eileiter
(Eizellentransport)

Eierstock
(Eizellenbildung)

Gebärmutter
(Einnistung der
befruchteten
Eizelle/Entwicklung
des Embryos)

Harnblase

Kitzler

Scheide

kleine
Schamlippen

große
Schamlippen

Entwicklung des Menschen

Vorgeburtliche Entwicklung
Nach der Befruchtung der Eizelle entwickelt sich in den neun Monaten der Schwangerschaft im Mutterleib die befruchtete Eizelle zum Embryo, Fetus und geburtsreifen Kind.

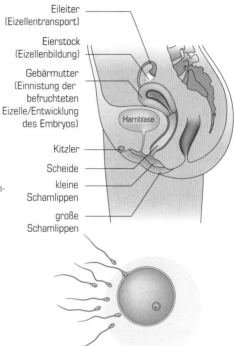

Geburt
Das Kind wird durch Wehen aus der Gebärmutter über die Scheide herausgepresst.

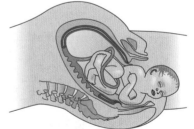

Pubertät (Zeit der Geschlechtsreife)
Sie ist gekennzeichnet durch körperliche Reifungsvorgänge aber auch durch geistig-seelische Veränderungen. Das äußert sich in den Empfindungen, Stimmungen und Verhaltensweisen der Jugendlichen.

Basiskonzepte beim Menschen

Vielfalt und Angepasstheit

Darm

Auge

Bau und Funktion

Lunge

Mensch

lebendgebärend

stillen

Pflege und Ernährung

Fortpflanzung

innere Befruchtung

Körpertemperatur

Regulation

Herzfrequenz

Basiskonzepte beim Menschen

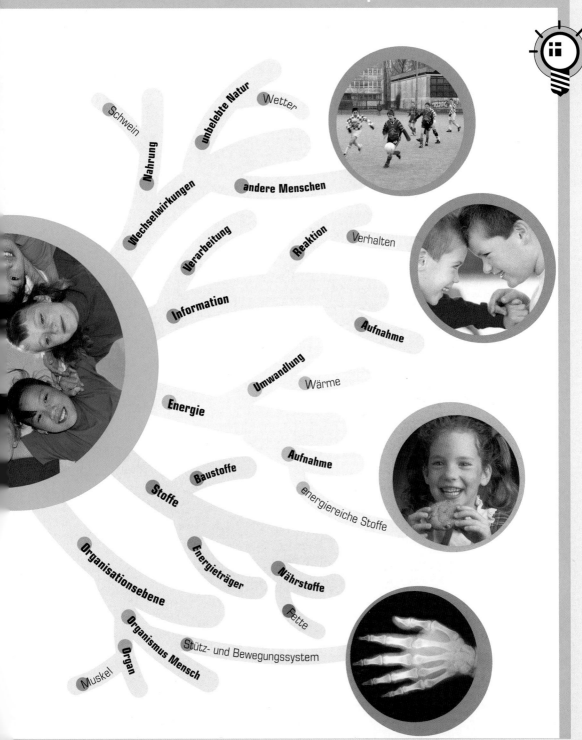

Schwein

Nahrung

unbelebte Natur

Wetter

Wechselwirkungen

andere Menschen

Verarbeitung

Reaktion

Verhalten

Information

Aufnahme

Umwandlung

Wärme

Energie

Aufnahme

Baustoffe

energiereiche Stoffe

Stoffe

Organisationsebene

Energieträger

Nährstoffe

Fette

Organismus Mensch

Stütz- und Bewegungssystem

Organ

Muskel

Körperbau und Lebensweise von Säugetieren

Winzlinge und Riesen ▶▶ Der Grundaufbau des Körpers ist bei allen Säugetieren ähnlich. Sie sind in Kopf, Rumpf, Schwanz und Gliedmaßen gegliedert. Allerdings unterscheiden sie sich in Körperlänge und -größe erheblich. Der Winzling unter den Säugetieren ist die Etruskerspitzmaus (s. S. 112) mit 4 cm Körperlänge und einem Gewicht von 2 g. Als größtes und schwerstes Säugetier gilt der Blauwal. Mit 136 000 kg Körpergewicht und einer Länge von 33 m schlägt er alle anderen Säugetiere.

Woher kommt der Name „Säugetiere"? Welche Bedeutung haben die Säugetiere als Haustiere für den Menschen?

Vertreter der Säugetiere

Es gibt eine Vielzahl von Säugetieren. Sie unterscheiden sich im Aussehen, in der Größe und auch im Verhalten. So unterschiedlich sie auf den ersten Blick erscheinen, weisen Säugetiere doch gleiche Merkmale auf. Darum gehören alle diese unterschiedlichen Tiere zur gleichen Tiergruppe. Viele Säugetiere bewohnen gemeinsam einen Lebensraum, z. B. den heimatlichen Wald, eine Wiese oder ein Getreidefeld.

Säugetiere des Waldes

1 ▸ Eichhörnchen

Nahrung:	Haselnüsse, Bucheckern, Fichtenzapfen, Früchte, Schnecken, Eier und Pilze
Besondere Kennzeichen:	rotbraun bis schwarzbraun, Bauchseite heller, kräftiger, buschiger, 20 cm langer Schwanz, besitzt Greifzehen, im Winter Haare wie Pinsel an den Ohren, 20–30 cm groß

2 ▸ Wildschwein

Nahrung:	Eicheln, Kastanien, Kartoffeln, Mäuse, Wurzeln, Regenwürmer
Besondere Kennzeichen:	bis 4 Zentner schwer, gedrungener Körper, borstiges, schwarzgraues Fell, lang gezogene Schnauze, lebt in Rotten, Junge (mit hellen Streifen), Keiler (Männchen) mit Hauern

3 ▸ Waldspitzmaus

Nahrung:	Käfer, Schnecken, Insektenlarven, Würmer, Spinnen
Besondere Kennzeichen:	6 bis 9 cm groß, heller Bauch, braune Seiten, dunkelbrauner bis schwarzer Rücken, rüsselförmige Schnauze, winzige Augen

4 ▸ Reh

Nahrung:	Gras, junge Zweige, Triebe
Besondere Kennzeichen:	nicht größer als 90 cm Schulterhöhe, Fell braun bis rötlich, Jungtiere (Kitz) mit hellen Flecken, Rehbock mit kleinem Geweih, weibliche Rehe tragen kein Geweih, lebt in Rudeln

Säugetiere der Wiesen und Felder

1 ▸ Feldhase

Nahrung:	Gras, Wildkräuter, Klee, Rüben, Kohl
Besondere Kennzeichen:	bis 70 cm groß, graubraunes Fell, lange, kräftige Hinterbeine, lange Ohren mit dunklen Spitzen, gut ausgebildeter Gehör-, Geruchs- und Sehsinn, Einzelgänger, **gefährdet**

2 ▸ Wildkaninchen

Nahrung:	Gemüsepflanzen, Rinde junger Bäume, Gras, Wildkräuter
Besondere Kennzeichen:	bis 50 cm groß, weißlich graues Fell, Beine kurz, Ohren kürzer als Kopf und ohne schwarze Spitzen, gut ausgebildeter Gehör-, Geruchs-, Sehsinn, lebt in Kolonien im unterirdischen Bau, Junge sind Nesthocker

3 ▸ Feldmaus

Nahrung:	Wurzeln, Halme, Getreidekörner
Besondere Kennzeichen:	9 bis 12 cm groß, graubraunes Fell, kurzer Schwanz, stumpfe Schnauze, kleine Ohren, unterirdische Nester, zahlreiche Nachkommen

4 ▸ Rotfuchs

Nahrung:	Rehkitze, Mäuse, Vögel, Insekten
Besondere Kennzeichen:	rötlich braunes Fell, bis 70 cm groß mit langem Schwanz, Raubtiergebiss, Überträger der Tollwut, Fuchsbandwurm, Einzelgänger, lebt im unterirdischen Bau

5 ▸ Murmeltier (Mankei)

Nahrung:	Gräser, Kräuter, Wurzeln, Insekten, Larven, Regenwürmer
Besondere Kennzeichen:	grau-braun, gedrungener, kegelförmiger Körper, kurzer, buschiger Schwanz, leben in Kolonien und verständigen sich über ihr charakteristisches Pfeifen

Säugetiere als Haustiere

Der Hund – ein Heimtier

Hunde unterscheiden sich durch Körpergröße, Fellfarbe und -dichte und die Form der Schnauze. Trotzdem sehen sie sich alle ähnlich. Ihr gemeinsamer *Stammvater* ist der Wolf. Noch heute gibt es Übereinstimmungen im Aussehen und im Verhalten.

Der Wolf ist ein räuberisch lebendes Tier. Er jagt im Rudel. Das Beutetier wird ausdauernd und schnell verfolgt, bis es vor Erschöpfung zusammenbricht. Dann wird es getötet. Der Wolf ist ein **Hetzjäger.** Innerhalb des Rudels gibt es eine Rangordnung. Das zeigt sich auch bei der Jagd: Der Leitwolf führt das Rudel an. Hunde sind wie Wölfe Hetzjäger, die im Rudel jagen.

Aufgrund dieser Lebensweise fühlten sich die Menschen vom Wolf bedroht. Trotzdem wurde dieses **Wildtier** vor ca. 14 000 Jahren gezähmt. Vielleicht haben Jäger verlassene Jungtiere gefunden und sie in ihrer Gemeinschaft aufgezogen. Wahrscheinlich akzeptierten einige dieser Wölfe die menschliche Gemeinschaft als ihr Rudel und auch ihre Nachkommen blieben bei den Menschen.

Mit der Zeit bildeten sich Unterschiede im Aussehen und in den Verhaltensweisen zwischen Wolf und Hund heraus. Das Wildtier wurde zum **Haustier.**

> Haustiere wurden aus Wildtieren gezüchtet.

Schaut man sich die heute existierenden Hunde an, fällt eine große Vielfalt auf. Die verschiedenen Rassen entstanden durch gezielte **Züchtung** (Kreuzung und Vermehrung) von besonderen Merkmalen. Man unterscheidet heute über 400 **Rassen** (Abb. 1b–e). Sie gehören jedoch immer noch zu einer **Art,** da sie in wesentlichen Merkmalen, z. B. Körperbau und Verhalten, übereinstimmen und sich untereinander fortpflanzen können.

> Lebewesen einer Art stimmen in wesentlichen Merkmalen überein und können miteinander fruchtbare Nachkommen hervorbringen. Rassen sind Gruppen innerhalb einer Art, die auffallend ähnliche Merkmale aufweisen.

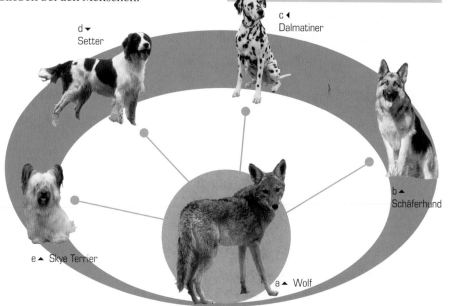

d▼ Setter

c◄ Dalmatiner

b▲ Schäferhund

e▲ Skye Terrier

a▲ Wolf

3

Hunde sind **Heimtiere.** Sie werden gerne gehalten, weil es Freude bereitet, sich mit ihnen zu beschäftigen, sie zu streicheln, sie mit Futter zu versorgen und ihr Verhalten zu beobachten (Abb. 1).

 Heimtiere sind Haustiere, die in der Wohnung oder im Haus gehalten werden.

1 ▸ Die Familie ist das Rudel für den Hund.

Für ein Heimtier hat man allerdings auch die Verantwortung. Hunde sind nicht gern allein und sie brauchen viel Auslauf. Man muss sich jeden Tag darum kümmern, auch wenn die Zeit einmal knapp ist. Außerdem darf man die natürlichen Verhaltensweisen nicht außer Acht lassen. Ein Hund muss erzogen werden, sonst akzeptiert er die Familie, sein Rudel, womöglich nicht und will selbst das Leittier sein.

Hunde sind nicht nur als *Familienhund* geeignet. Sie können verblüffende Sinnesleistungen vollbringen, sie hören viel besser als wir und können Gerüche besser wahrnehmen. Hunde haben erstaunliche körperliche Eigenschaften, beispielsweise laufen sie sehr schnell und ausdauernd. Deshalb können Hunde vielfältig eingesetzt werden:

Als *Blindenhunde* helfen sie Menschen, die nicht oder nur schlecht sehen können, ihren Alltag zu bewältigen. Ein Blindenhund muss Gefahren erkennen, seinen Besitzer warnen und ihm den richtigen Weg weisen.

Wachhunde beschützen den Hof oder ein bestimmtes Gelände.

Schlittenhunde können durch ihre Kraft und Ausdauer in kalten Gegenden eingesetzt werden.

Spürhunde werden aufgrund ihres hervorragenden Geruchssinns eingesetzt, um z. B. Drogen aufzuspüren. Als *Rettungshunde* suchen sie verschüttete oder verletzte Personen.

2 ▸ Auf den Blindenhund ist Verlass.

 Die außergewöhnlichen Sinnesleistungen und körperlichen Fähigkeiten der Hunde werden vom Menschen für seinen Nutzen vielfältig eingesetzt.

Aufgabe

Finde weitere Beispiele für den Einsatz von Hunden zum Nutzen des Menschen.

1 ▶ Katzen können sehr anschmiegsam sein.

2 ▶ Perserkatze

Die Katze – ein Heimtier

Die Katze ist ebenfalls ein **Heimtier** (Abb.1).

Die Abstammung der Hauskatzen lässt sich nicht so einfach bestimmen wie die der Hunde. Heute nimmt man jedoch an, dass sie von der ägyptischen Falbkatze abstammen.

Wann diese Katzen zum Haustier wurden, kann man nicht genau sagen, da sie in Ägypten zur Zeit der Pharaonen, also etwa vor 4000 Jahren zuerst halbwild gehalten wurden.

Sie schützten das Getreide in den Kornspeichern vor Mäusen. Zu dieser Zeit wurden Katzen sogar als heilige Tiere verehrt.

Von Ägypten aus verbreiteten sich diese Katzen auch in Europa. Seitdem wurden wie bei Hunden verschiedene Rassen gezüchtet (z. B. Abb. 2 und 4).

Auch heute werden Katzen in Haushalten, besonders auf Bauernhöfen und Gehöften, als Mäusefänger geschätzt.

Für diese Funktion ist die Katze hervorragend ausgestattet. Sowohl das Gebiss (s. S. 126), als auch ihre scharfen Krallen (s. S. 127) zeichnen sie als **Raubtier** aus. Das Jagdverhalten unterscheidet sich allerdings völlig von dem des Hundes.

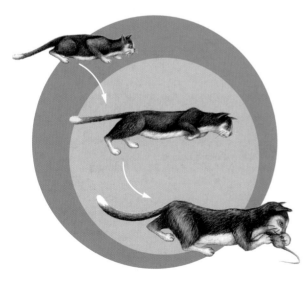

3 ▶ Eine Katze jagt.

4 ▶ Siamkatzen

3

Hauskatzen jagen nicht in der Gruppe, sondern allein. Hat die Katze eine Beute erspäht, schleicht sie sich langsam und geduckt an diese heran. Dabei ist kein Laut zu hören. Sie bleibt eine Weile geduckt stehen. Dann erhebt sie sich plötzlich, streckt die Hinterbeine und springt in weitem Bogen nach vorn und ergreift die Beute (Abb. 3, S. 118) mit ihren spitzen Krallen. Deshalb sagt man auch die Katze ist ein **Schleichjäger.**

Katzen sind auch in der Lage in der Dämmerung zu jagen, sie sind bevorzugte **Nachtjäger.** Sie können mit ihren Augen auch nachts sehr gut sehen. Ist es allerdings völlig dunkel, müssen Katzen ihr feines Gehör und ihre Schnurr- und Tasthaare zur Hilfe nehmen. Sie stellen dazu ihre Ohrmuscheln auf, bewegen sie abwechselnd zu den Seiten und setzen ihre Tasthaare über den Augen, an der Oberlippe, den Wangen und dem Kinn ein, um in der Dunkelheit Hindernissen aus dem Weg zu gehen.

 Die als Raubtier lebende Katze ist ein Schleich- und Nachtjäger.

Auch die Katze gehört wie der Hund zu den beliebtesten Haustieren des Menschen. Im Gegensatz zum Hund lebt die Katze jedoch nicht im Rudel, sondern sie ist ein **Einzelgänger** und bewohnt ihr **Revier.** Auch wenn sie als anschmiegsame Hausgenossin viel Zeit in der Nähe der sie umsorgenden Menschen verbringt, geht sie nur selten eine feste Beziehung mit dem Menschen ein. Haus, Garten oder Wohnung werden aber als eigenes Revier akzeptiert.

Sobald Katzen das Haus verlassen können, üben sie viele ihrer natürlichen Verhaltensweisen, z. B. der beschriebene Beutefang oder das bekannte „Katzbuckeln" bei der Annäherung eines Feindes aus und haben sich ihre Eigenständigkeit und Unabhängigkeit bewahrt.

M Die Hauskatze ist ein Einzelgänger und hat sich als Haustier ihre natürlichen Verhaltensweisen und ihre Selbstständigkeit bewahrt.

Bei Katzen ist zwei- bis dreimal im Jahr Paarungszeit. Nach etwa 9 Wochen bringt die Katze zwei bis acht Junge zur Welt. Sie sind blind und hilflos, also **Nesthocker.** Mit ihrer rauen Zunge leckt die Katze ihre Jungen sauber und trocken. Schon nach wenigen Minuten finden sie die Zitzen der Mutter und beginnen Milch zu saugen (Abb. 2). Nach etwa einer Woche öffnen sich ihre Augen, sie können nun ihre Umwelt wahrnehmen. Nach ca. 15 Tagen beginnen die Jungen, mit allem was sich bewegt zu spielen. Dabei lernen sie das Anschleichen, das Springen und Fangen.

Bei Gefahr packt die Katze einzelne Jungen mit den Zähnen im Genick und trägt sie so an einen sicheren Ort. Die Katzenmutter betreibt **Brutpflege** (s. S. 131).

M Katzen kommen als Nesthocker zur Welt und die Mutter betreibt Brutpflege.

1 ▸ Vielfalt des Gesichtsausdrucks einer Katze.

2 ▸ Die Mutter säugt 4 bis 5 Wochen lang ihre Jungen.

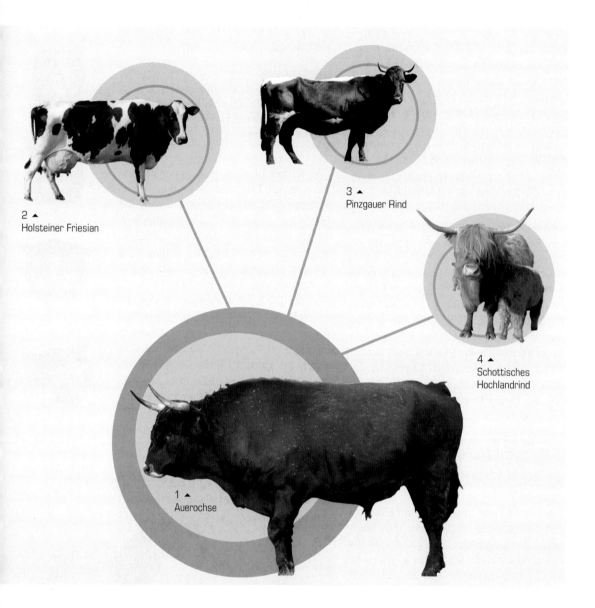

2 ▲
Holsteiner Friesian

3 ▲
Pinzgauer Rind

4 ▲
Schottisches
Hochlandrind

1 ▲
Auerochse

Rinder hören
und riechen
ausgezeichnet.

Das Rind – ein wichtiges Nutztier

In Europa gibt es heute über 100 unterschiedliche Rinderrassen, die vom *Urrind*, dem Auerochsen, abstammen.

Der Name **„Auerochse"** oder **„Ur"** bedeutet soviel wie urzeitlicher Ochse.

Das Rind ist das älteste **Nutztier** des Menschen. Bereits vor 8000 Jahren wurde das wilde Urrind als Haustier gefangen und gezähmt. Man nennt das „domesti-

zieren". Das letzte frei lebende Urrind ist 1627 in Polen gestorben.

Rinder leben in kleinen Herden, die aus männlichen und weiblichen Tieren bestehen. Das weibliche Rind heißt *Kuh*. Das junge Rind ist ein *Kalb*. Bis zum ersten Kalben wird das weibliche Rind *Färse* genannt. Männliche Rinder heißen *Bullen* oder *Stiere*. *Ochsen* sind kastrierte Bullen.

In Deutschland werden ungefähr 14 Mio. **Rinder** gehalten. Das sind eine Menge Tiere, die für uns gezüchtet und genutzt werden. Hauptsächlich werden Rinder nach Milchkühen oder **Fleischrassen** gezüchtet. **Milchkühe** müssen mindestens einmal ein Kalb geboren haben, damit sie ständig Milch geben können. *Holsteiner Friesian-Rinder* (Abb. 2, S. 120) z. B. werden zweimal täglich gemolken und geben besonders viel Milch. Rinder wie das *Fleckvieh* wachsen sehr schnell und haben gutes, mageres Fleisch. Das *Pinzgauer Rind* (Abb. 3, S. 120) zeichnet sich durch eine hohe Milch- und Fleischleistung aus.

Der Mist der Rinder kann als natürlicher **Dünger** in der Landwirtschaft genutzt werden. Dazu wird der Mist auf biologisch oder herkömmlich bewirtschaftete Felder aufgebracht und untergepflügt.

Die Rinderhaltung in unseren Regionen reicht von der artgerechten **Freilandhaltung,** über die Stallhaltung bis hin zur so genannten **Massentierhaltung.**

Durch den stark gestiegenen Bedarf an Rindfleisch gingen immer mehr Landwirte in den letzten Jahrzehnten dazu über, auf engstem Raum möglichst viele Tiere in kürzester Zeit anzufüttern, bis sie geschlachtet werden konnten. Das damit verbundene erhöhte Auftreten von Krankheiten und Medikamentenkosten führt dazu, dass immer mehr Landwirte wieder zur Freilandhaltung übergehen. In den Alpen nutzen die Landwirte nach wie vor das hervorragende Futterangebot der saftigen Almwiesen, um qualitativ gutes Fleisch und hochwertige Milch aus der Freilandhaltung zu erhalten.

Aufgaben

1. *Erkundige dich, wie Rinder in deiner Umgebung gehalten werden. Kläre dabei, was artgerechte Tierhaltung ist.*

2. *In Deutschland werden ca. 20 Mio. Schweine gehalten. Ordne nach der Abb. 1 die erzeugten Produkte den Teilen eines Schweines zu. Fertige dazu eine Tabelle an:*

Produkt	Körperteil

3. *Ergänze die Tabelle mit weiteren Produkten, die die Menschen aus den Schweinen gewinnen.*

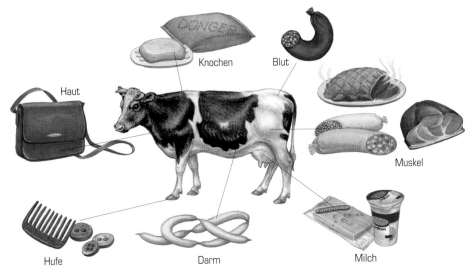

1 ▸ Verwertbare Teile einer Kuh und erzeugte Produkte

Pflanzenfresser und Fleischfresser

Säugetiere nehmen verschiedene Nahrung auf. *Pferde, Rinder, Ziegen, Rehe* und *Gämsen* ernähren sich nur von Pflanzen, wie Gras, Kräuter und Samen. Sie werden als **Pflanzenfresser** bezeichnet.

Hunde, Katzen, Wölfe und *Igel* fressen andere Tiere, z. B. *Mäuse, Vögel* und *Insekten,* man nennt sie deshalb **Fleischfresser.**

Bären, Affen und *Schweine* nehmen dagegen sowohl tierische als auch pflanzliche Nahrung auf, z. B. Früchte, Knollen oder kleinere Tiere. Sie gehören zu den **Allesfressern.**

Die Gebisse der Tiere sind entsprechend der Nahrung unterschiedlich aufgebaut.

Unter den Fleischfressern gibt es Tiere (z. B. Wölfe und Katzen), die Beutetiere reißen (Raubtiere) und fressen. Das **Raubtiergebiss** hat meißelförmige Schneidezähne, dolchartige, leicht gebogene Eckzähne, mit denen die Beute erfasst und getötet wird. Scharfe spitze Backenzähne zerschneiden und zerquetschen das Fleisch. Der größte Backenzahn ist der Reißzahn.

Im **Allesfressergebiss** sind spitze Eckzähne zum Erfassen und scharfe Schneidezähne zum Abschneiden der Nahrung vorhanden. Die Backenzähne sind breit und flach wie die der Pflanzenfresser, sie zermahlen die Nahrung. Solch ein Gebiss besitzt auch der Mensch.

> Das Gebiss der Säugetiere ist an die Art der Nahrung angepasst. Es gibt Pflanzen-, Fleisch- und Allesfressergebisse.

Aufgaben

1. *Erläutere den Zusammenhang zwischen Bau und Funktion am Beispiel des Allesfressergebiss.*

2. *Igel gehören zu den Insektenfressern, Feldhasen zu den Pflanzenfressern. Begründe den Bau ihrer Backenzähne.*

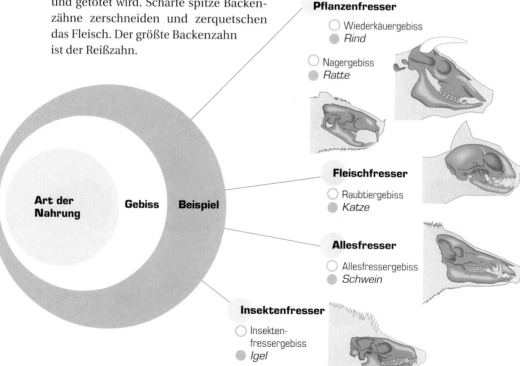

3

Mit dem Gebiss wird die **Nahrung** in der Mundhöhle zerkleinert. Durch die Abgabe von Speichel entsteht ein schluckfähiger Nahrungsbrei. Dieser rutscht über die Speiseröhre in den Magen. Dort vermischt sich die Nahrung mit Verdauungssäften. Aus dem Magen gelangt die Nahrung in den Darm. Der Rest des Nahrungsbreis wird als Kot über den After aus dem Körper abgegeben (Abb. 2).

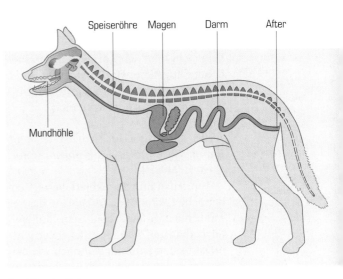

2 ▸ Weg der Nahrung

Aus dem pflanzlichen Nahrungsbrei können die Nährstoffe nicht so gut entzogen werden wie aus dem tierischen Nahrungsbrei. Die Verdauung dauert länger.

Da die Nährstoffe der Nahrung im **Darm** entzogen werden, haben einige Pflanzenfresser, z. B. *Pferd, Kaninchen*, einen wesentlich längeren Darm im Verhältnis zur Körperlänge als die Fleischfresser.

Das *Kaninchen*, ein Pflanzenfresser, ist etwa 0,5 m lang, sein Darm ist etwa 5,6 m lang. Das Verhältnis der Körperlänge zur Darmlänge beträgt demnach ca. 1:10.

Die *Katze*, ein Fleischfresser, ist etwa 0,5 m lang, ihr Darm ist etwa 2,1 m lang. Das Verhältnis der Körperlänge zur Darmlänge beträgt demnach ca. 1:4.

Es gibt Pflanzenfresser, die das bereits geschluckte Gras wieder hoch würgen und noch einmal kauen. Damit nutzen sie die Nährstoffe der pflanzlichen Nahrung besser aus. Sie sind **Wiederkäuer**. Dazu gehören z. B. *Ziegen, Schafe, Rehe* und *Rinder*.

Rinder fressen zwischen 50 und 80 kg Gras am Tag.

Rinder haben einen viergeteilten **Magen** (Abb. 1). Die Nahrung wird über die Speiseröhre in den *Pansen* transportiert. Dort wird die Nahrung eingeweicht. Nach ca. 2 Stunden wird sie über den *Netzmagen* zurück ins Maul gewürgt. Im Maul wird die Nahrung gründlich zerkaut und wieder geschluckt. Sie gelangt jetzt in den *Blättermagen* und *Labmagen* und schließlich in den Darm.

Die Länge des Darms beträgt beim Rind 50 m, beim Pferd 30 m, beim Wolf 5,8 m und beim Hund 5 m.

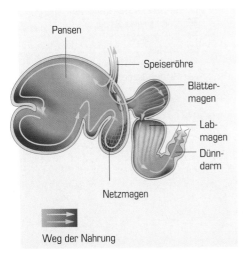

1 ▸ Magen eines Rindes

Aufgaben

1. *Begründe, warum die Darmlängen einzelner Säugetierarten unterschiedlich sind.*

2. *Trinkt ein Rind Wasser, so gelangt es nicht in den Pansen. Dadurch wird der Nahrungsbrei nicht zusätzlich verdünnt. Beschreibe den Weg, den das Wasser durch den Magen nimmt.*

Körpergliederung und Skelett der Säugetiere

Beim Hund besteht die Wirbelsäule aus den 7 Halswirbeln, 13 Brustwirbeln, 7 Lendenwirbeln, dem Kreuzbein (3 zusammengewachsene Wirbel) und 18 bis über 20 Schweifbzw. Schwanzwirbeln.

Vergleicht man den **Körperbau** verschiedener Säugetiere wie *Hund, Pferd, Rind, Schwein* und *Fuchs,* dann kann man deutlich Gemeinsamkeiten erkennen.

Der Körper dieser Tiere ist in *Kopf, Rumpf, Gliedmaßen* und *Schwanz* untergliedert (Abb. 1).

Wenn man nun das **Skelett** dieser Tiere betrachtet, kann man feststellen, dass es Ähnlichkeiten zwischen dem äußeren Körperbau und dem Säugetierskelett gibt.

Das Skelett kann man ähnlich wie den Körper in drei Hauptabschnitte einteilen:

- **Kopfskelett,**
- **Rumpfskelett** mit den Teilen Wirbelsäule und Brustkorb,
- **Gliedmaßenskelett** mit den Teilen Schultergürtel, Beckengürtel, Vorder- und Hintergliedmaßen.

Die Anzahl der Halswirbel ist bei allen Säugetieren gleich, auch die Giraffe hat 7 Halswirbel.

Das Skelett besteht aus vielen Knochen, die über Gelenke oder knorpelige Gebilde miteinander verbunden sind. Ein wichtiger Bestandteil des Säugetierskeletts ist die **Wirbelsäule.**

Die Wirbelsäule besteht aus vielen knöchernen Wirbeln von unterschiedlicher Größe.

Die einzelnen Wirbel stehen über mehrere Gelenke mit den benachbarten Wirbeln in Kontakt. Im Bereich der Wirbelsäule gibt es beim Hund beispielsweise über 200 Gelenke.

Mit der Wirbelsäule stehen die anderen Skelett-Teile, der Schädel, der Schulter- und Beckengürtel und darüber die Gliedmaßen (Abb. 1), in Verbindung.

> Säugetiere gehören zu den Wirbeltieren. Im Grundbau des Skeletts stimmen alle Säugetiere überein.

Aufgaben

1. *Beschreibe, welche Funktion die Wirbelsäule hat.*

2. *Beschreibe die Gemeinsamkeit des Körperbaus von Hund, Pferd und Schwein.*

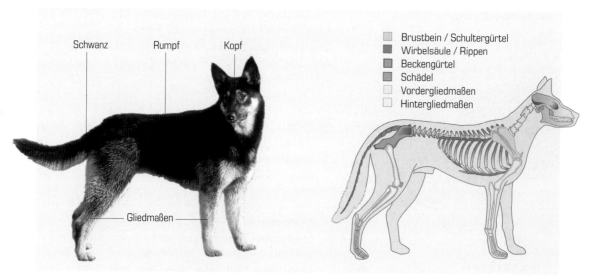

Schwanz   Rumpf   Kopf

Gliedmaßen

- Brustbein / Schultergürtel
- Wirbelsäule / Rippen
- Beckengürtel
- Schädel
- Vordergliedmaßen
- Hintergliedmaßen

1 ▸ Schäferhund: Körpergliederung und Skelett

Gliedmaßen verschiedener Säugetiere im Vergleich

Hunde können springen oder rennen. *Katzen* können klettern, sich an ihre Beute anschleichen und sie mit einem Sprung fangen und *Feldhasen* können hohe Sprünge vollführen. *Pferde* und *Rinder* besitzen kräftige Beine und sind gute Läufer.

Vergleicht man den Körperbau dieser Tiere mit dem des *Menschen*, so sind neben deutlichen Gemeinsamkeiten (Körpergliederung in Kopf, Rumpf und Gliedmaßen, Innenskelett mit Wirbelsäule) Unterschiede im Bau der Gliedmaßen zu erkennen.

Menschen, *Eichhörnchen* und *Feldhasen* berühren beim Laufen den Boden mit der Fußsohle, sie sind **Sohlengänger.**
Es fällt ihnen leicht, sich auf ihren Hinterbeinen aufzurichten, sie können dann die Vorderbeine zum Greifen oder Festhalten benutzen.

Katzen und *Hunde* berühren den Boden nur mit ihren Zehen, Mittelfuß- und Fußwurzelknochen sind senkrecht gestellt; sie sind **Zehengänger.** Krallen am Ende der Zehen verhindern das Wegrutschen, Ballen unter den Zehen federn den Körper ab.
Pferde und *Kühe* treten nur mit einer oder mehreren großen und starken Zehenspitzen auf, die von festem Horn umkleidet sind (Hufe, Klauen). Sie sind **Zehenspitzengänger.**
Auch *Elefanten* sind Zehenspitzengänger. Sie haben unter ihren Zehen und Fussknochen ein dickes Fettpolster und eine Hornsohle. Für ihr Gewicht sind Elefanten sehr schnelle Tiere.
Meist können Tiere um so schneller laufen, je kleiner die Fläche ist, mit der ihre Füße den Boden berühren.

Durch Anpassung an unterschiedliche Fortbewegungsweisen, sind die Gliedmaßen der Säugetiere unterschiedlich gestaltet. Im Grundaufbau stimmen sie aber überein.

Aufgaben

1. Gazellen und Zebras sind Zehenspitzengänger, Löwen sind Zehengänger, Gesunde Gazellen und Zebras können in der Steppe einem Löwen entkommen. Erkläre diesen Sachverhalt.

2. Katzen sind Zehengänger. Erkläre, welche Vorteile das für ihre Lebensweise hat.

Ein Pferd kann im Galopp 65 km/h, eine Katze bis zu 40 km/h und ein Mensch bis zu 30 km/h als Höchstgeschwindigkeit erreichen.

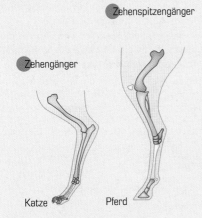

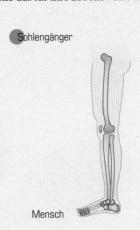

Zehenspitzengänger

Sohlengänger

Zehengänger

Katze   Pferd

Mensch

1 ▸ Verschiedene Gliedmaßenskelette

Methode

Wie vergleiche ich Naturgegenstände bzw. Lebensvorgänge?

Im Biologieunterricht werden oft mindestens zwei oder auch mehrere Naturgegenstände oder Lebensvorgänge miteinander verglichen.

Das **Vergleichen** ist eine wichtige Tätigkeit in der Biologie. Dabei werden übereinstimmende und unterschiedliche Merkmale von den zu vergleichenden Objekten ermittelt.

Die Ergebnisse des Vergleichs kann man z. B. als kurzen Bericht oder in Form einer Tabelle darstellen. Anschließend sollte eine Schlussfolgerung gezogen werden.

Um Naturvorgänge oder Lebensvorgänge vergleichen zu können, muss man häufig andere Tätigkeiten ausführen, z. B. das Beobachten und Untersuchen.

Auch beim Vergleichen geht man **schrittweise** vor.

Aufgabe

Vergleiche das Gebiss einer Katze mit dem eines Menschen.

Schritt ①

Festlegen der Objekte, die verglichen werden sollen

Schädel mit Gebiss von einer Katze und einem Menschen

Schritt ②

Auswählen geeigneter Merkmale für den Vergleich

Vergleichsmerkmale:
- Anzahl der Zähne
- Aussehen der Zähne
- Stellung der Zähne

Schritt ③

Durchführen des Vergleichs

Ermitteln von Gemeinsamkeiten und Unterschieden

Gemeinsamkeiten: Die Gebisse von der Katze und vom Menschen enthalten Zähne.
Unterschiede: Das Aussehen und die Stellung der Zähne sind unterschiedlich.

Darstellen der Ergebnisse
(z. B. in einer Tabelle)

Zähne	Katze	Mensch
Backenzähne	16 der größte Backenzahn ist zum Reißzahn umgebildet	16 höckerig (+4 Weisheitszähne)
Eckzähne	4 lang, dolchartig gebogen	4 spitz
Schneidezähne	8 meißelförmig, kurz	8 meißelförmig

Schritt ④

Ableiten einer Schlussfolgerung

Die Zähne im Gebiss sind der jeweiligen Art der Ernährung der Tiere angepasst.
Die Katze ist ein Raubtier. Die Zähne sind anders geformt als die Zähne des Menschen. Der Mensch gehört zu den Allesfressern.

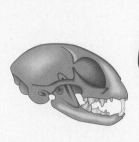
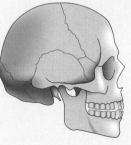

 Backenzähne
 Schneidezähne
☐ Eckzähne
☐ Reißzähne

Vielfalt und Angepasstheit

Im Laufe der Erdgeschichte haben sich viele Millionen unterschiedlicher Organismen entwickelt. Es entstand eine große Vielfalt an Lebewesen, die optimal an ihre Lebensräume angepasst sind. So lassen sich z. B. heute lebende Haustiere wie Hunde, Rinder oder Katzen jeweils auf eine Stammform zurückführen. Durch Züchtung existieren heute viele unterschiedliche Rassen, die sich durch spezielle Merkmale unterscheiden. Allerdings sind sie alle untereinander fortpflanzungsfähig und bringen fruchtbare Nachkommen hervor. Sie gehören somit alle zu einer Art.

Durch gemeinsame körperliche Merkmale sind sie an ihre Lebensweise angepasst. So ist z. B. das Gebiss an die Art der Ernährung angepasst und die Gliedmaßen an die Fortbewegung. Lebewesen, die am besten an ihren Lebensraum angepasst sind, haben die besten Überlebenschancen.

Vielfalt und Angepasstheit bei Hauskatzen

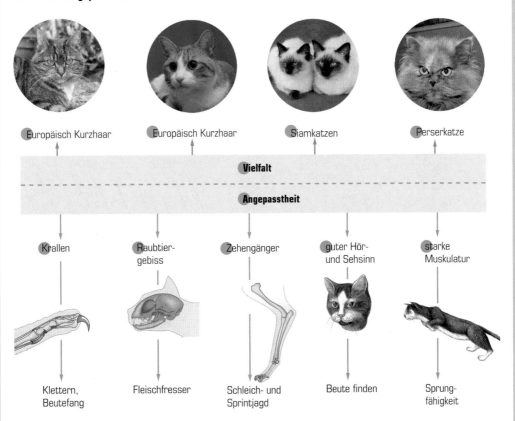

| Europäisch Kurzhaar | Europäisch Kurzhaar | Siamkatzen | Perserkatze |

Vielfalt

Angepasstheit

| Krallen | Raubtier-gebiss | Zehengänger | guter Hör- und Sehsinn | starke Muskulatur |

| Klettern, Beutefang | Fleischfresser | Schleich- und Sprintjagd | Beute finden | Sprung-fähigkeit |

Überlege, wie der Mensch bei Züchtungen die Vielfalt und Angepasstheit von Lebewesen beeinflusst und für sich nutzt.

Gemeinsame Merkmale der Säugetiere

Das Haarkleid

Säugetiere können fast überall leben. Ein Grund dafür ist die **Körperbedeckung** der Säugetiere, das **Fell.**

Das Fell mancher Heimtiere (z. B. *Katze, Maus*) ist trocken und sehr weich. Es verlockt zum Streicheln.

Ein Fell kann aber auch borstig wie beim *Wildschwein,* stachlig wie beim *Igel* oder gekräuselt wie beim *Schaf* sein.

Betrachtet man das Fell verschiedener Säugetiere mit der Lupe, dann erkennt man einige Unterschiede.

Am Fell des *Wildschweins* (Abb. 2) findet man lange, glatte Haare, die sich derb anfassen, die **Grannenhaare.** Zwischen ihnen befinden sich kurze, gekräuselte, weiche Haare, die **Wollhaare.**

Beim Schaffell (Abb. 1) sind auf der Haut sehr viele wollig weiche Haare dicht nebeneinander angeordnet. Die Haare sind kurz und gekräuselt. Es sind die **Wollhaare.**

Beide Haararten erfüllen bestimmte Aufgaben. Die Grannenhaare dienen als mechanischer Schutz und Nässeschutz. Die Wollhaare schützen vor hohen Wärmeverlusten.

> **Säugetiere haben eine trockene Haut mit Haaren, ein Fell. Im Fell werden weiche Wollhaare und etwas derbere Grannenhaare unterschieden.** Ⓜ

Viele Säugetiere wechseln regelmäßig beim Übergang von der warmen zur kalten Jahreszeit ihr Haarkleid. Der Aufbau des Fells ändert sich. Im „dünneren" **Sommerfell** überwiegen meist die Grannenhaare. Im „dickeren" **Winterfell** findet man zusätzliche Wollhaare.

Säugetiere haben im Winter wie im Sommer die gleiche **Körpertemperatur** (ca. 37 °C). Sie sind **gleichwarm.**

Aufgabe ⟨❓⟩

Auch der Mensch ist ein Säugetier. Er hat nur wenige Haare. Erkläre, wie er sich vor Wärmeverlust schützt.

Ein Igel hat bis zu 16 000 Stacheln in der derben Rückenhaut. Bei Gefahr kann er sich zu einer stachligen Kugel zusammenrollen. Dabei strafft sich die Haut und die Stacheln stellen sich senkrecht auf.

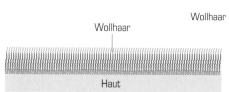

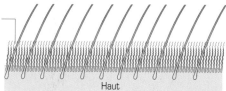

1 ▸ Schaf – gekräuseltes Fell

2 ▸ Wildschwein – borstiges Fell

Die Atmung

Katzen, Hunde und auch die Menschen nehmen ständig Nahrung (z. B. Wasser und Nährstoffe) auf. Diese brauchen sie z. B. zum Wachsen. Außerdem benötigen sie Sauerstoff zum **Atmen.**

Sauerstoff ist ein gasförmiger Stoff und in der Luft enthalten. Über Nase und Mund gelangt der Sauerstoff in die Luftröhre. Von dort aus wird er in die **Lunge** transportiert (Abb. 1). Säugetiere atmen durch Lungen.

Die Lunge der Säugetiere besteht aus einer sehr großen Anzahl von winzigen **Lungenbläschen** (Abb. 1, s. auch S. 66–69). Dadurch wird die *Oberfläche der Lunge stark vergrößert* und es kann viel mehr Sauerstoff aufgenommen werden.

Die Lungenbläschen besitzen sehr dünne Wände. Diese sind von feinen **Blutgefäßen,** den Kapillaren, umsponnen (Abb. 2).

Der Sauerstoff der Einatemluft durchdringt die dünnen Wände der Lungenbläschen und gelangt in die feinen Blutgefäße und schließlich in den **Blutkreislauf.**

Mit dem Blut wird der Sauerstoff in alle Körperorgane transportiert. Dort wird er bei der Energiebereitstellung für Lebensvorgänge (z. B. Wachstum) verbraucht. Dabei entsteht ein anderer gasförmiger Stoff, Kohlenstoffdioxid.

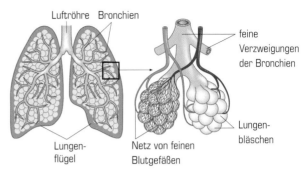

2 ▸ Bau der Lunge

Kohlenstoffdioxid ist für den Körper schädlich. Mit dem Blut wird es zur Lunge zurückgebracht. Es gelangt in die Lungenbläschen. Von dort wird es über die Luftröhre, den Mund und die Nase nach außen abgegeben (Abb. 1). Es wird ausgeatmet. In den Lungenbläschen findet also ein **Gasaustausch** statt.

> **Säugetiere atmen mit einer Lunge. Die Lunge besteht aus Lungenbläschen. Sauerstoff und Kohlenstoffdioxid sind Atemgase. Der Gasaustausch findet in den Lungenbläschen statt.** Ⓜ

Aufgabe ⁇

Nenne im Wasser lebende Säugetiere und begründe, warum sie auftauchen, um „Luft zu holen".

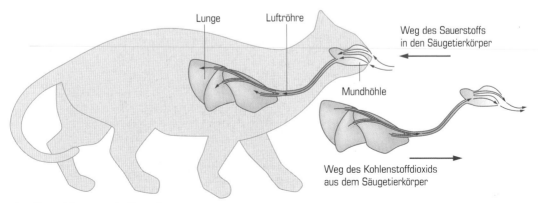

1 ▸ Ein- und Ausatmen der Säugetiere

Fortpflanzung und Entwicklung

Oft werden die Spermien auch Samen genannt.

Wenn man die Geschlechtsorgane der Menschen mit denen der Säugetiere vergleicht, dann stellt man Gemeinsamkeiten fest.

Zu den **männlichen Geschlechtsorganen** (Abb.1) zählen jeweils zwei Hoden, Nebenhoden und Spermienleiter, außerdem die Vorsteherdrüse und das Glied.

In den *Hoden* werden die Spermien gebildet und in den *Nebenhoden* gespeichert. Durch die *Spermienleiter* gelangen die Spermien bis zur Harnröhre.

Damit die Spermien beweglich bleiben, wird durch die Vorsteherdrüse noch Sekretflüssigkeit hinzugegeben.

Zu den **weiblichen Geschlechtsorganen** (Abb. 1) gehören zwei *Eierstöcke*, zwei *Eileiter*, die *Gebärmutter* und die *Scheide*.

In den Eierstöcken werden Eizellen gebildet, die in den Eileiter wandern.

Wenn sich Katze und Kater **paaren (Begattung),** werden männliche Spermienzellen über das Glied in die Gebärmutter des Weibchens übertragen. Von dort wandern die Spermienzellen in die Eileiter. Befinden sich zu der Zeit Eizellen im Eileiter, verschmelzen Spermazelle und Eizelle. Die Eizellen werden befruchtet (**innere Befruchtung**).

Die befruchteten Eizellen wandern nun in die Gebärmutter und nisten sich dort in der Schleimhaut ein. Aus jeder befruchteten Eizelle entwickelt sich ein **Embryo.**

Die Embryonen sind über die Gebärmutterschleimhaut mit dem Muttertier verbunden und erhalten von ihm Sauerstoff und Nährstoffe. Dadurch können die Embryos wachsen und sich entwickeln. Dabei liegen sie geschützt im Mutterleib. Die Entwicklung der Jungen verläuft bei allen Säugetieren ähnlich. Die Entwicklungsdauer im Mutterleib ist unterschiedlich.

Wenn alle Organe entwickelt sind und der Embryo eine bestimmte Größe hat, setzt die **Geburt** ein. Die Muskulatur der Gebärmutter presst die Jungen über die Scheide nach außen. Die Anzahl der Jungen ist bei den Säugetieren sehr unterschiedlich.

> Die Entwicklung der Jungen erfolgt geschützt im Mutterleib. Die Säugetiere bringen ihre Jungen lebend zur Welt.

Aufgabe

Informiere dich über die Anzahl der Jungen beim Wolf, Elefant, Igel, Eichhörnchen, Orang-Utan.

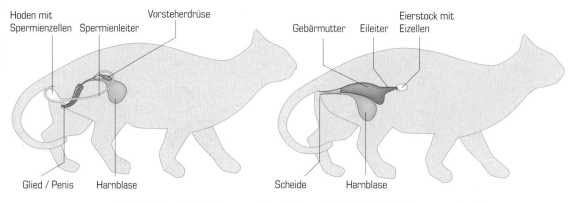

Hoden mit Spermienzellen Spermienleiter Vorsteherdrüse Gebärmutter Eileiter Eierstock mit Eizellen

Glied / Penis Harnblase Scheide Harnblase

1 ▸ Männliche Geschlechtsorgane eines Katers und weibliche Geschlechtsorgane einer Katze

3

1 ▶ Die Stacheln der Igel erhärten nach einigen Wochen.

Von der *Tragzeit*, so nennt man die Entwicklungszeit im Mutterleib, hängt auch der Entwicklungszustand der Jungen nach der Geburt ab.

Alle Säugetiere kümmern sich nach der Geburt um ihre Jungen. Sie betreiben **Brutpflege.** Alle Muttertiere säugen ihre Jungen mit der Milch aus ihren Zitzen. Sofort nach der Geburt suchen die Jungen die Zitzen der Muttertiere. Dieses Verhalten ist angeboren. Das ist auch der Grund dafür, dass diese Tiergruppe den Namen Säugetiere hat.

Die Entwicklungszeit im Mutterleib ist z. B. von *Igel* und *Kaninchen* sehr kurz. Sie kommen blind, nackt und hilflos zur Welt und müssen deshalb von den Elterntieren noch eine längere Zeit betreut werden. Sie sind **Nesthocker.**

Die Elterntiere bauen schon vor der Geburt an einem sicheren Ort ein Nest, z. B. in Höhlen. Dort können sich die Jungtiere geschützt vor Feinden entwickeln. Nach einigen Wochen ist das Fell voll entwickelt. Sie können sehen und sich gut fortbewegen.

Bei *Pferd* oder *Schwein* ist die Entwicklungszeit im Mutterleib dagegen relativ lang. Die Jungen können bereits wenige Augenblicke nach der Geburt laufen und sich in ihrer Umgebung orientieren. Ihr Fell ist voll entwickelt. Man bezeichnet sie als **Nestflüchter.**

Aufgabe ❓

Auch Antilopen und Zebras sind Nestflüchter. Begründe, warum das lebenswichtig für sie ist.

Kaninchen tragen ihre Jungen 30 Tage und säugen sie 6–8 Wochen.

Pferde haben eine Tragzeit von 11 Monaten und säugen 12–20 Wochen.

2 ▶ Antilope mit saugendem Kälbchen

Säugetiere kann man ordnen

Die **Klasse** der Säugetiere beinhaltet alle Tiere, die ihre Jungtiere säugen. Abhängig von gemeinsamen Merkmalen wird diese Klasse in so genannte **Ordnungen** (s. S. 133) unterteilt. Diese werden wiederum in **Familien,** Familien in **Gattungen** und diese in Arten gegliedert. Mitglieder einer **Art** können sich untereinander fortpflanzen und fruchtbare Nachkommen hervorbringen. Durch gezielte Züchtung nach bestimmten Merkmalen entstanden jeweils innerhalb einer Art die verschiedenen **Rassen.**

Wie das Ordnen funktioniert, kannst du dir selbst verdeutlichen, indem du für beliebige Dinge eine Einteilung vornimmst. Nach welchen Merkmalen könnten die folgenden Dinge z. B. geordnet werden? Entwickle mindestens fünf verschiedene Ordnungssysteme, mit denen sich die Objekte ordnen lassen.

Motorrad, Bär, Kamera, Gans, Stein, Öl, Wolle, Wasser, Buche, Seide, Nelke, Tanne, Orange, Nagel, Messer, Salz, Glas, Inlineskater, Fernseher, Zimt, Computer, Dachziegel, Eichhörnchen, Dominostein.

Welche Probleme treten auf, wenn du danach ordnest, ob die Dinge z. B. zu den Lebewesen gehören oder nicht? Oder, ob sie weich sind oder hart.

Auf die *Klasse der Säugtiere* bezogen gehören zu den **gemeinsamen Merkmalen** von Hund und Katze z. B. ein Fell und ein knöchernes Skelett mit Wirbelsäule. Außerdem gebären sie ihre Jungen lebend,

säugen diese, besitzen lange Eckzähne und ein Fleischfressergebiss. Diese Übereinstimmungen lassen darauf schließen, dass sie sich aus einem gemeinsamen Vorfahren entwickelt haben, also verwandt sind. Sie werden daher zur *Ordnung der Raubtiere* zusammengefasst. Alle Arten, die innerhalb der Raubtierordnung einen rundlichen Kopf und einziehbare Krallen besitzen, werden in die Gruppe *Katzen* eingeordnet. Diese Gruppe bezeichnet man als Familie.

Ordnungssysteme bieten eine Methode, um neue Erscheinungen einzuordnen und dadurch weitere Informationen zu erhalten.

Ordnungssysteme regen dazu an, immer wieder ein Objekt nach neuen Merkmalen zu erforschen. Dabei kommt es ab und an zu neuen Entdeckungen. Findet sich darunter ein Merkmal, was sich in keine bestehende Gruppe einordnen lässt, muss eine neue Gruppe geschaffen werden und das Ordnungssystem neu überdacht werden.

Aufgabe

In der Tabelle (s. S. 133) sind einige wichtige Säugetierordnungen und deren Hauptmerkmale zusammengestellt. Benenne die abgebildeten Tiere und ordne diese den Ordnungen zu. Nutze dazu ein Lexikon und das Internet. Kennst du weitere Beispiele für die beschriebenen Ordnungen?

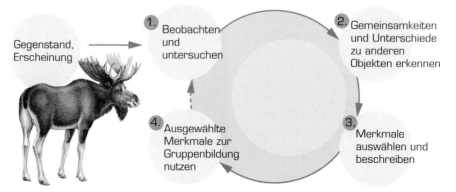

1. Beobachten und untersuchen

2. Gemeinsamkeiten und Unterschiede zu anderen Objekten erkennen

Gegenstand, Erscheinung

4. Ausgewählte Merkmale zur Gruppenbildung nutzen

3. Merkmale auswählen und beschreiben

Einige wichtige Ordnungen der Säugetiere

Ordnungen	Merkmale
Kloakentiere	Legen Eier; keine Zitzen; Junge lecken Milch aus dem Fell der Mutter auf
Insektenfresser	Kleine Augen; Insekten fressende Säugetiere, Insektenfressergebiss
Beuteltiere	Tragen ihre Jungen im Beutel aus
Spitzhörnchen	Große Augen, Insektenfressergebiss
Hasentiere	Meißelartige Nage- bzw. Schneidezähne; Hinterbeine länger als Vorderbeine
Nagetiere	Haben ständig wachsende meißelartige Schneidezähne (Nagezähne); Pflanzenfresser
Rüsseltiere	Rüssel; dicke Haut; obere Schneidezähne zu Stoßzähnen verlängert; Pflanzenfresser
Unpaarhufer	Zehenspitzengänger auf 1 oder 3 Zehen mit Huf; Pflanzenfresser
Paarhufer	Zehenspitzengänger: Hufe mit einer geraden Anzahl an Zehen an jedem Fuß; Pflanzenfresser
Seekühe	Keine Hinterextremitäten; flossenartige Vorderextremitäten; Wasser lebender Pflanzenfresser
Wale	Fischförmiger Körper; Meeresbewohner; dicke, isolierende Fettschicht
Fledertiere	Können fliegen; Flughaut zwischen den Fingern und dem Körper
Raubtiere	Scharfe und spitze, nach hinten gerichtete Eckzähne; Fleischfressergebiss
Herrentiere	Nach vorn gerichtete Augen; unbehaartes Gesicht; Daumen kann den anderen Fingern gegenübergestellt werden

Schutzmaßnahmen für einheimische Säugetiere

Säugetiere sind gut an ihre Lebensräume angepasst. Treten in den Lebensräumen jedoch große Veränderungen oder Störungen auf, sind die Tiere gefährdet.

Auch in Bayern gab es große Veränderungen im Laufe der vergangenen Zeit. Neue Industrieanlagen wurden gebaut, Städte und Straßen ausgebaut, Flüsse begradigt und in den Gebirgen neue Skigebiete erschlossen. Aber auch die Verunreinigungen der Umwelt, vor allem der Gewässer, nahmen zu.

In Bayern gelten 5 Arten als ausgestorben. 5 Arten sind vom Aussterben bedroht, 4 Arten stark gefährdet und 13 Arten gefährdet.

So sind auch in Bayern Arten ausgestorben oder gelten als verschollen, wie die *Alpenfledermaus,* der *Europäische Nerz,* der *Braunbär* und der *Wolf.*

Die Biologen haben deshalb Rote Listen angefertigt, die Auskunft über jedes Säugetier geben. Auch in Bayern existiert so eine **Rote Liste.** Sie enthält Angaben über die Gefährdung aller Tiere.

Mehr als 50 % der Fläche Bayerns sind unter Schutz gestellte Gebiete.

Der *Fischotter,* der *Luchs,* die *Wildkatze* und von den Fledermäusen die *Große* und *Kleine Hufeisennase* sind laut der Roten Liste von Bayern vom Aussterben bedrohte Tiere. Stark gefährdet sind z. B. der *Feldhamster* und die Fledermausarten *Kleiner Abendsegler* und *Mopsfledermaus.*

Extrem selten sind *Alpensteinbock* und *Brandmaus.*

Deshalb wurden in Deutschland große Gebiete unter Schutz gestellt, um die Lebensräume der Tiere und Pflanzen zu erhalten. Je nach Größe und der Vielfalt der Pflanzen und Tiere werden die Schutzgebiete in Landschaftsschutzgebiete, Naturschutzgebiete, Biosphärenreservate und Nationalparks eingeteilt.

Auch in Bayern gibt es solche **Schutzgebiete,** z. B. Nationalpark Bayerischer Wald, Naturpark Spessart, Naturschutzgebiet Berchtesgaden.

Fischotter findet man nur noch in naturnahen Flusslandschaften. Sie ernähren sich von *Fischen, Fröschen,* kleinen *Säugetieren* und *Krebsen.*

Flussregulierungen, Befestigung der Ufer oder Trockenlegung von Feuchtgebieten, sowie Gewässerverschmutzungen verringern seine Überlebenschancen. *Fischotter* sind scheu und brauchen als nachtaktive Tiere ruhige und vor allem ungestörte Uferzonen am Tage.

In Bayern soll der Bestand an Fischottern durch die Schaffung ottergerechter Bachsysteme erhöht werden.

> Der beste Schutz für die einheimischen Säugetiere ist die Erhaltung und der Schutz ihrer Lebensräume. Ⓜ

1 ▸ Fischotter (vom Aussterben bedroht)

2 ▸ Feldhamster (stark gefährdet)

3 ▸ Biber (gefährdet)

3

Feldhamster sind gefährdet, weil ihr Lebensraum, das Feld, durch die Landwirtschaft stark verändert wurde. *Feldhamster* legen ihre Baue ca. 2 m unter der Erdoberfläche an. Im Herbst tragen sie bis zu 30 kg Körner mithilfe ihrer Backentaschen in den Bau. Diesen Vorrat benötigen sie zum Überleben im Winter. Sie sind Winterruher, die immer wieder aufwachen und von ihren Vorräten fressen. Früher wurden sie als „Ernteschädling" bekämpft.

Der bevorzugte Lebensraum wurde durch intensive Bodenbearbeitung, wie Tiefpflügen und Verfestigung des Bodens durch große Maschinen, sowie durch starke Düngung zerstört. *Feldhamster* mussten auf Feldraine und Brachflächen ausweichen, wo sie nicht ausreichend Nahrung fanden. Die Folge war ein Rückgang der *Feldhamster*.

Alle Fledermausarten stehen auf der Roten Liste, weil sie immer weniger Unterschlupfmöglichkeiten finden. Alte Bäume mit Höhlen werden gefällt, die meisten Häuser und Scheunen haben dicht geschlossene Dächer, sodass die **Fledermäuse** Dachböden nicht mehr nutzen können. Fledermäuse bauen keine Nester und sind deshalb auf vorhandene Verstecke und Quartiere angewiesen. Dort schlafen sie tagsüber und halten auch ihren Winterschlaf.

Fledermäuse ernähren sich vorwiegend von Insekten. Durch die Anwendung von Insektenschutzmitteln sind zum einen die Beutetiere seltener geworden, zum anderen kommen die Gifte durch Aufnahme vergifteter Insekten in ihren Körper und schädigen sie.

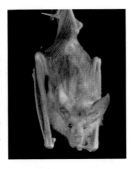

Was könnt ihr für den Schutz einheimischer Tiere tun?

Du kannst mithelfen, unsere Fledermäuse zu schützen. Damit sie Unterschlupfmöglichkeiten finden, können spezielle Fledermauskästen angebracht werden (Abb. 1). Helfen kann man auch, indem im Dach Öffnungen gelassen werden.

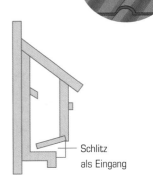

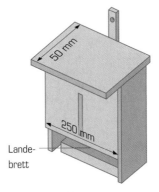

Lande-brett   50 mm   250 mm   Schlitz als Eingang

1 ▸ Fledermauskästen

Auch für den Schutz des *Igels* kannst du etwas tun. **Igel** halten Winterschlaf. Dafür benötigen sie einen relativ frostgeschützten und trockenen Schlafplatz. Du kannst ihnen z. B. einen Reisighaufen für die Überwinterung bauen.

Aufgaben   (?)

1. *Erläutere an einem selbstgewählten Beispiel die Beziehung zwischen Erhaltung des Lebensraumes und dem Schutz der Tierart.*

2. *In Bayern soll die Zahl der Fischotter durch Schaffung ottergerechter Bachsysteme wieder erhöht werden. Überlege, wie ein solches Bachsystem beschaffen sein muss?*

3. *Informiere dich über den Unterschied von Naturschutzgebiet, Biosphärenreservat und Nationalpark.*

Aufgaben

1. Ergänze dein Glossar um folgende Begriffe: *Säugetiere, Haustier, Wildtier, Heimtier, Nutztier, Allesfresser, Fleischfresser, Pflanzenfresser, Insektenfresser, Klasse, Ordnung, Familie, Art, Rasse.*

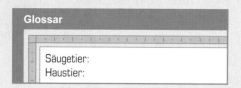

Glossar

Säugetier:
Haustier:

2. In der Arktis findest du den Eisbären, in der Wüste den Wüstenfuchs, im Meer den Blauwal.
Säugetiere können in fast allen Gebieten der Erde leben. Begründe diese Aussage.

3. Flusspferde leben in Afrika und halten sich oft im Wasser auf.
   a) Entwickle einen Steckbrief über diese Säugetierart.
   b) Beschreibe, wie das Flusspferd an den Aufenthalt im Wasser angepasst ist.

4. Haustiere unter den Säugetieren haben große Bedeutung für den Menschen. Nenne Haustiere und deren Nutzung. Stelle sie in einer Tabelle zusammen.

5. Ermittle in einem Supermarkt, welche Nahrungsmittel aus Milch hergestellt wurden.

6. Nicht nur Tierschützer fordern eine artgerechte Tierhaltung.
Erläutere, was man darunter versteht.

7. Unsere Haustiere stammen von Wildtieren ab. Hausrinder wurden z. B. aus Urrindern gezüchtet.
Von welchen Wildtieren stammen unsere Hausschweine ab?
Bereite einen Vortrag vor. Nutze dazu das Internet bzw. Fachbücher.

8. Betrachte ein Stück Fell mit der Lupe. Beschreibe den Aufbau des Fells. Welche Unterschiede stellst du zwischen Woll- und Grannenhaaren fest?

9. Der Wechsel zwischen Winter- und Sommerfell ist z. B. beim Hermelin auffällig.

im Sommer

im Winter

   a) Erkläre die Angepasstheit der Felle an die Jahreszeiten.
   b) Worin unterscheiden sich Sommer- und Winterfell. Begründe die bessere Angepasstheit.

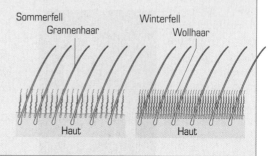

Sommerfell
Grannenhaar
Winterfell
Wollhaar
Haut
Haut

3

10. Berichte über Erlebnisse mit deiner Katze.

a) Nenne typische Verhaltensweisen der Katze.

b) Wie grenzen Katzen ihr Revier ab?

c) Warum sind Katzen gute Jäger? Beschreibe, wie sich die Katze an die Beute heranschleicht und sie fängt.

11. Vergleiche Körpergliederung, Skelett und Lebensmerkmale von Säugetier und Mensch. Stelle Gemeinsamkeiten und Unterschiede in einer Tabelle gegenüber. Ziehe eine Schlussfolgerung zur Zuordnung des Menschen zu den Säugetieren.

12. Übernimm die Ziffern in dein Heft. Benenne die Teile des Katzenskeletts.

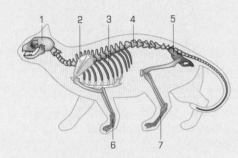

13. Bei den Säugetieren gibt es verschiedene Arten der Fortbewegung.

a) Nenne die Fortbewegungsart folgender Säugetiere: Fledermaus, Eichhörnchen, Seehund, Känguru, Maulwurf, Katze, Maus, Delfin.

b) Nenne Anpassungsformen an die Fortbewegung der oben genannten Säugetiere.

Säugetier	Anpassungsformen

14. Beobachte ein Meerschweinchen und eine Katze bei der Nahrungsaufnahme. Stelle deine Beobachtungsergebnisse in einer Tabelle gegenüber.

15. Die Art der Nahrung ist bei Säugetieren sehr vielfältig. Sie fressen u.a. Gras, Früchte, Insekten, Fleisch, kleine Krebse (Krill) und saugen sogar Blut (Vampirfledermaus).

a) Was fressen folgende Tiere: Ameisenbär, Blauwal, Braunbär, Elch, Feldhase, Löwe, Steinmarder, Hausmaus, Reh, Wildschwein, Wolf? Fertige eine Tabelle an.

b) Ordne den Tieren die Begriffe Fleischfresser-, Pflanzenfresser- und Allesfressergebiss zu.

c) Erkläre den Zusammenhang zwischen der Art der Nahrung und dem Bau des Gebisses an einem Beispiel.

16. Erkläre am Beispiel der Säugetierlunge das Prinzip der Oberflächenvergrößerung.

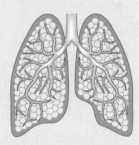

17. Die Entwicklungsstadien der Nachkommen sind bei Säugetieren sehr unterschiedlich. Begründe, warum es z. B. für Bären, Mäuse und Ratten von Vorteil ist, Nesthocker zu sein. Beachte dabei ihre Lebensweise.

Das Wichtigste auf einen Blick

Nutzung der Säugetiere

Für den Menschen spielen einige Säugetiere (z. B. Hund, Katze, Rind) als Heim-, Haus- und Nutztiere eine wichtige Rolle. Er züchtete sie aus Wildtieren.

Körperbau der Säugetiere

Säugetiere gehören zu den Wirbeltieren und stimmen alle im Grundbau ihres Skeletts überein.

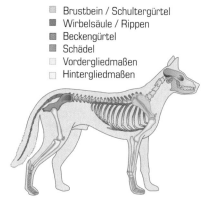

▢ Brustbein / Schultergürtel
◼ Wirbelsäule / Rippen
▨ Beckengürtel
▨ Schädel
▢ Vordergliedmaßen
▢ Hintergliedmaßen

Ernährung der Säugetiere

Das **Gebiss** der Säugetiere setzt sich aus Schneide-, Eck- und Backenzähnen zusammen. Es besteht ein enger Zusammenhang zwischen dem Bau des Gebisses und der Ernährungsart.

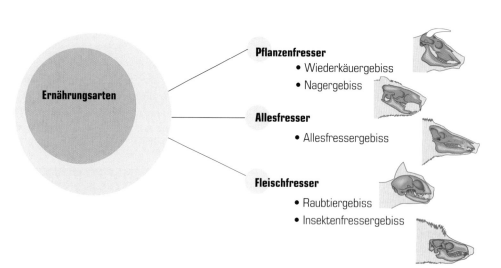

Ernährungsarten

Pflanzenfresser
  • Wiederkäuergebiss
  • Nagergebiss

Allesfresser
  • Allesfressergebiss

Fleischfresser
  • Raubtiergebiss
  • Insektenfressergebiss

Das Wichtigste auf einen Blick

Atmung der Säugetiere

Säugetiere atmen mit einer Lunge. In der Lunge befinden sich viele Lungenbläschen. Dadurch wird die Oberfläche der Lunge vergrößert und sie wird leistungsfähiger. Der Gasaustausch findet in den Lungenbläschen statt.

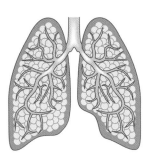

Körperbedeckung der Säugetiere

Säugetiere besitzen eine trockene Haut mit Haaren, ein Fell. Man nennt sie gleichwarm, weil sie im Sommer und Winter die gleiche Körpertemperatur haben.

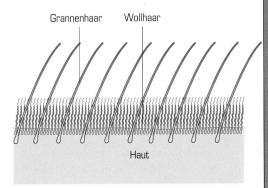

Fortpflanzung der Säugetiere

Man unterscheidet *männliche* und *weibliche Geschlechtsorgane.* In den männlichen Geschlechtsorganen werden die Spermien (männliche Keimzellen) und in den weiblichen Geschlechtsorganen die Eizellen (weibliche Keimzellen) gebildet. Während der Paarung und nach der Geburt zeigen Säugetiere typische Verhaltensweisen, z. B. Paarungsverhalten und Brutpflege.

Die Tragzeit der Säugetiere ist unterschiedlich lang.
Säugetiere werden als Nesthocker oder Nestflüchter geboren. Nach der Geburt werden alle Jungtiere gesäugt. Weibliche Säugetiere besitzen Zitzen, aus denen die Jungtiere die Milch saugen (Ausnahme: das Schnabeltier).

Begattung	Befruchtung	Entwicklung des Embryos	Geburt des Jungtiers
(Übertragung der Spermienzelle in das Weibchen)	(Verschmelzen von Ei- und Spermienzelle)	(im Körper des Weibchens)	

Basiskonzepte bei den Säugetieren

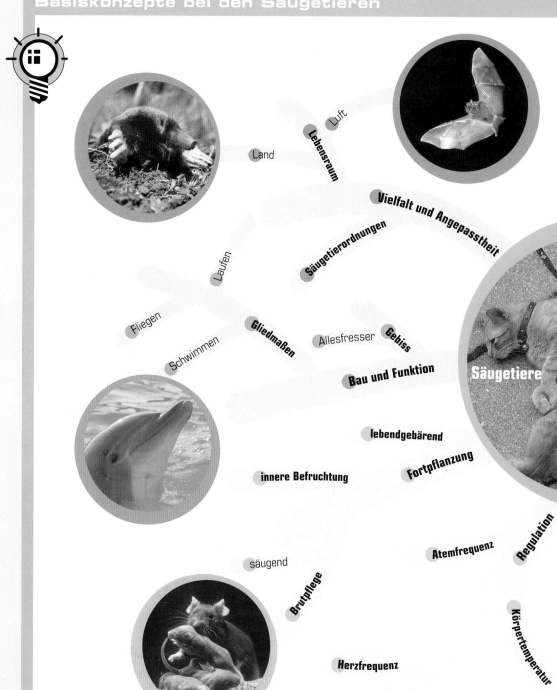

Luft

Land

Lebensraum

Vielfalt und Angepasstheit

Säugetierordnungen

Laufen

Fliegen

Schwimmen

Gliedmaßen

Allesfresser

Gebiss

Bau und Funktion

Säugetiere

lebendgebärend

innere Befruchtung

Fortpflanzung

Regulation

Atemfrequenz

säugend

Brutpflege

Körpertemperatur

Herzfrequenz

Basiskonzepte bei den Säugetieren

Wetter

unbelebte Natur

Nahrung

Beute

Wechselwirkungen

Fressfeinde

Reaktion

Verhalten

Information

Aufnahme

Umwandlung

Wärme

Energie

Aufnahme

Baustoffe

energiereiche Stoffe

Stoffe

Organisationsebene

Energieträger

Nährstoffe

Organismus Säugetier

Stütz- und Bewegungssystem

A

Abhängigkeit 74, 75
Aderhaut 25
After 63
Alkohol 74
Allesfresser 122, 138
Allesfressergebiss 122
Angepasstheit 127
Arbeitsmethoden 126
Art 116, 132
Arterien 87
Arterienverkalkung 89
Atemgase 129
Atmung 66, 68, 82, 129, 139
Atmungsorgane 68, 82
Auerochse 120
Auge 25, 26, 35
– Schutz 26
Ausscheidungsorgane 31, 90

B

Bakterien 18
Ballaststoffe 52, 57
Bandscheiben 38, 39
Bau und Funktion 69
Bauchatmung 67
Bauchspeicheldrüse 63
Baustoffe 70
Befruchtung 100, 130, 139
Begattung 130, 139
Berührungssinn 24, 35
Beugemuskel 43
Beuteltiere 133
Bewegung 10, 12, 21, 43, 44, 46, 47, 72
Bewegungssystem 47, 50
Blasenkeim 100
Blättermagen 123
Blende 15
Blut 84, 88
Blutgefäße 87, 129
Bluthochdruck 89
Blutkörperchen
– rote 84, 85
– weiße 84, 85
Blutkreislauf 87, 92, 129
Blutplasma 84
Blutplättchen 84, 85
Blutzellen 84, 85, 92
Brennwert 70
Bronchien 68
Brustbein 37
Brustwirbelsäule 38, 124
Brutpflege 119, 131
Bulimie 59
Bulle 120
Bypassoperation 89

C

Chloroplasten 14

D

Darm 63, 123
Dauergebiss 64
Devon 19
Dickdarm 63
Dinosaurier 18
Droge 74
Drucksinn 24, 35
Dünndarm 63

E

Eichel 97
Eierstöcke 98
Eileiter 98
Eingeweidemuskulatur 50
Einzelgänger 119
Einzeller 18
Eisprung 98
Eiweiß 52, 53, 65
Eizelle 98, 100
Elle 37
Embryo 100, 101, 130
Endharn 90
Energie 53, 70, 71, 72
Energielieferanten 53
Energieträger 71
Energieumwandlung 10, 71, 72
Entwicklung 11, 13, 21, 130
Entwicklung des Säuglings 105
Enzyme 62, 81
Erdzeitalter 19
Ergänzungsstoffe 52, 55, 57, 58, 81
Ernährung 10, 58, 60, 81,138
Erste-Hilfe-Maßnahmen 48
Ess-Störungen 59
Evolution 18, 21

F

Familie 132
Färse 120
Fehlstellung 46
Feldhamster 135
Fell 128
Fett 52, 53, 54, 62, 63, 65
Fettfleckprobe 54
Fettsucht 59
Fetus 101
Fischotter 134
Fledermaus 135
Fledermauskasten 135
Fledertiere 133
Fleischfresser 122, 123, 138
Fortpflanzung 11, 13, 21, 102, 130, 139
Fortpflanzung des Menschen 97
Fossilien 18, 21
Fotosynthese 14
Freilandhaltung 121
Frischpräparat
– Herstellung 17
Fruchtblase 101
Fruchtwasser 101
Funktion 69
Fußschäden 46
Fußskelett 37

G

Gallenblase 63
Gasaustausch 66, 82, 129
Gattung 132
Gebärmutter 98
Gebiss 122, 123, 126, 138
Geburt 101, 104, 109, 130
Geburtsvorbereitung 103
Gegenspieler 43
Gehirn 24, 26
Gehörknöchelchen 27
Gehörsinn 35
Gelenke 41, 43, 50
Gelenkkapsel 41
Gelenkknorpel 41
Gelenkkopf 41
Gelenkpfanne 41
Gelenktypen 41
Gelenkverletzung 47
Geruchssinn 24, 35
Geschlechtsmerkmale
– primäre 94, 95
– sekundäre 94, 95
Geschlechtsorgane 109
– äußere 94, 97
– Hygiene 97, 99
– innere 97
– männliche 97, 109, 130
– weibliche 98, 109, 130
Geschlechtsreife 95
Geschlechtsverkehr 100
Geschlechtszellen 97, 98
Geschmackssinn 24, 35
Gesichtssinn 24, 35
Gewebe 42
Gleichgewichtssinn 24
gleichwarm 128
Glied 97
Gliedmaßen 37, 124, 125
Gliedmaßenskelett 37, 50, 124
Glossar 9
Grannenhaare 128

H

Haare 128
Halswirbel 38, 124
Halswirbelsäule 38
Haltungsfehler 45
Haltungsschaden 45
Handskelett 37
Harnbildung 90
Harnblase 90
Harnleiter 90
Harnröhre 90
Harn-Spermien-Röhre 97
Hasentiere 133
Hauskatze 127
Haustier 116, 117, 127
Haut 30, 31, 35
Hautfarbstoff 31
Hautkrebs 31
Hautpflege 31
Hauttyp 31
Heimtier 116, 117, 118
Herrentiere 133
Herz 86, 92
Herz- und Kreislauferkrankungen 89

Herzfrequenz 86
Herzinfarkt 89
Herzkammer 86
Herzkranzgefäße 86, 89
Herzschlag 86
Hetzjäger 116
Hoden 97
Hohlrücken 45
Hören 24, 27
Hörsinn 24
Hormone 94
Hornhaut 25
Hüftknochen 37
Hund 116, 117
Hygiene 97, 99

I
Igel 135
Information 11, 12, 24, 28
Informationsaufnahme 35
Informationsverarbeitung 28
innere Geschlechtsorgane 97, 98
Insektenfresser 133
Insektenfressergebiss 122
Iris 25

J
Jungfernhäutchen 98
Jura 19

K
Kalb 120
Kambrium 19
Kapillare 87
Karbon 19
Karies 64
Katze 118, 127
Kehlkopf 68
Keimzelle 98
Kennzeichen des Lebens 21
Kitzler 98
Klasse 132
Kloakentiere 133
Knickfuß 46
Kniescheibe 37
Knochen 39, 40, 43, 50
Knochenbrüche 47
Knochenhaut 40
Knochensubstanz 40
Kohlenhydrate 52, 53, 62, 65
Kohlenstoffdioxid 66, 129
Kopfskelett 37, 50, 124
Körperarterie 87
Körperbau 124, 138
Körperbedeckung 128, 139
Körpergliederung 128
Körperkreislauf 87
Körpertemperatur 128
Körpervene 87
Kreide 19
Kreislauferkrankungen 89
Kreuzbein 38, 124
Kugelgelenk 41
Kuh 120

L
Labmagen 123
Lärm 29
Leber 63
Lebewesen 10, 12
Lederhaut 25, 30
Lendenwirbel 38, 124
Lichtenergie 70
Lichtmikroskop 15, 16
Lichtsinneszellen 26
Linse 25
Luftröhre 68
Lunge 68, 69, 82, 129, 139
Lungenbläschen 68, 129
Lungenflügel 68
Lungenkreislauf 87

M
Magen 63, 123
Magersucht 59
Mannigfaltigkeit 21
Massentierhaltung 121
Mastdarm 63
Medikamentenmissbrauch 75
Mengenelemente 56
Menstruationsblutung 98
Menstruationszyklus 99
Mikroskop 15
Mikroskopieren 16
Milchgebiss 64
Milchkuh 121
Mimose 13
Mind-Map 9, 29
Mineralstoffe 52, 56
Mitochondrien 14
Modell 39, 44
Monatsblutung 98, 99
Mundhöhle 62, 123
Murmeltier 115
Musik 29
Muskel 42, 43, 44, 50
  – Verletzungen 48
Muskulatur 45, 46, 50
Mutterkuchen 100, 101
Mutterpass 103

N
Nabelschnur 101, 104
Nachgeburt 104
Nachtjäger 119
Nachweis
  – von Fett 54
  – von Stärke 54
Nagergebiss 122
Nagetiere 133
Nährstoffe 52, 53, 58, 62, 81, 123
Nahrung 51, 55, 62, 70, 123
Nahrungsbestandteile 52, 54, 81
Nahrungsmittel 54, 58
Nahrungsmittelkreis 58
Nase 24, 68
Nasenhöhlen 68
Natur 8
Naturschutz 134

Nerven 24
Nervensystem 24
Nestflüchter 131
Nesthocker 119, 131
Netzhaut 25, 26
Netzmagen 123
Neugeborenes 106
Nieren 90
Nierenkörperchen 90
Nierenmark 90
Nierenrinde 90
Nikotin 74
Normalfuß 46
Normalhaltung 45
Nutztier 120

O
Oberarmknochen 37
Oberflächenvergrößerung 68, 69
Oberhaut 30
Oberschenkelknochen 37
Objekt 16
Objektiv 15
Objekttisch 15
Objektträger 16, 17
Ochse 120
Ohr 27, 35
Ohrmuschel 27
Okular 15
Ordnung 132
Ordnungssysteme 132
Ordovizium 19
Organ 42
Organisationsebene 42
Organismus 42
Organsystem 42
ovales Fenster 27

P
Paarung 130
Paarhufer 133
Pansen 123
Parodontose 64
Partnerbeziehung 96
Penis 97
Periode 98
Perm 19
Pflanzen 12
Pflanzenfresser 122, 123, 138
Pflanzenzelle 14, 21
pflanzliches Eiweiß 53
Pflege 31
Plattenknochen 40
Plattfuß 46
Plazenta 100
Präkambium 19
Primärharn 90
Prinzip der Oberflächen-
  vergrößerung 68
Pubertät 94, 95, 96, 109
Pupille 25

Q
Quartär 19

R

Rasse 116, 120, 127, 132
Raubtier 118, 119, 133
Rauchen 73, 74
Raubtiergebiss 122
Regel 98
Regelkalender 99
Regelkreis 32
Regeln
   – der Ersten Hilfe 48
   – für alle sportlichen Übungen 47
   – für eine gesunde Ernährung 58
Regenbogenhaut 25
Regulation 32
Reh 114
Reifezeit 94, 95
Reiz 24, 35
Reizart 24
Reizaufnahme 28, 30
Reizbarkeit 11, 12, 21
Reproduktion 102
Revier 119
Rind 120, 121
Rippen 37
Risikofaktoren 89
Röhrenknochen 40
Rote Liste 134
Rotfuchs 115
Rückenmark 24, 38
Rumpf 37
Rumpfskelett 37, 50, 124
Rundrücken 45
Rüsseltiere 133

S

Samen 13
Sattelgelenk 41
Sauerstoff 66, 129
Säugetiere 114, 115, 124, 128, 132,
   133, 138, 139
Säugling 105
Schädel 37
Schall 27
Schamlippen 98
Scharniergelenk 41
Scheide 98
Schiefrücken 45
Schienbein 37
Schleichjäger 119
Schlittenhunde 117
Schlüsselbein 37
Schock 85
Schulterblatt 37
Schutz
   – der Säugetiere 134
   – der Haut 31
Schutzgebiete 134
Schwangerschaft 100
Schwanzwirbel 124
Schweißdrüse 30
Seekühe 133
Sehen 25
   – räumliches 26
   – Sehvorgang 26

Sehnen 43
Sehnerv 26
Sehvorgang 26
Sekundärharn 90
Sexuelle Gewalt 107
Sexueller Missbrauch 107
Silur 19
Sinne 24, 35
Sinnesorgane 24, 30
Sinneszellen 24, 30
Sitzhaltung 45
Skelett 37, 50, 51, 124
Skelettmuskel 50
Sohlengänger 125
Sommerfell 128
Sonnenbrand 31
Speiche 37
Speichel 63
Speicheldrüsen 63
Speiseröhre 63, 123
Spermien 97, 100
Spermienerguss 97, 100
Spermienflüssigkeit 97, 100
Spitzhörnchen 133
Sport 47
Spreizfuß 46
Spurenelemente 56
Spürhund 117
Stamm 132
Stärke 54, 62, 65
Steißbein 38
Stier 120
Stoff 65, 81
Stoffumwandlung 10, 65, 72
Stoffwechsel 10, 12, 21
Streckmuskel 43
Stützsystem 50
Sucht 74

T

Talgdrüse 30
Tampon 99
Tastsinn 24
Teerstoffteilchen 74
Teilchen 65
Temperaturempfindlichkeit 33
Temperatursinn 24, 35
Tertiär 19
tierisches Eiweiß 53
Tierzelle 14, 21
Tragzeit 131
Traubenzucker 62, 72
Trias 19
Triebrad 15
Trommelfell 27
Tubus 15

U

Übergewicht 53
Ultraschallgerät 103
Unpaarhufer 133
Unterhaut 30
Ur 120
Urin 90

V

Vakuole 14
Venen 87
Verdauung 62, 65, 81, 123
Verdauungsorgane 62, 81
Verdauungssäfte 62
Vergleichen 126
Verhalten 11, 28
Verletzungen 47
Verrenkung 47
Verstauchung 47
Vielfalt 127
Vielzeller 18
Vitamine 52, 55
Vorhaut 97
Vorhof 86
Vorsorgeuntersuchung 46, 103
Vorsteherdrüse 97

W

Wachstum 11, 13, 21
Wachstumsschub 95
Wadenbein 37
Waldspitzmaus 114
Wale 133
Wasser 57, 63
Wechselwirkung 28, 73
Wehen 104
Wiederkäuer 123
Wiederkäuergebiss 122
Wildkaninchen 115
Wildschwein 114
Wildtier 116
Winterfell 128
Wirbel 38
Wirbelsäule 37, 38, 124
Wirkstoffe 62, 63
Wolf 116
Wollhaare 128

Z

Zähne 62, 64, 126
   – Gesunderhaltung 64
Zahnfäule 64
Zahnpflege 64
Zahnwechsel 64
Zehengänger 125, 127
Zehenspitzengänger 125
Zellatmung 70
Zelle 21, 42
   – Eizelle 98, 100
   – Pflanzenzelle 14
   – Spermienzelle 97, 100
   – Tierzelle 14
Zellkern 14
Zellmembran 14
Zellplasma 14
Zellwand 14
Züchtung 116, 127
Zunge 24
Zwerchfell 66
Zwerchfellatmung 67
Zwischenwirbelscheibe 38
Zwölffingerdarm 63

Erdzeitalter	Epoche	Alter in Mio. Jahren	Flora und Fauna
Erdneuzeit	Quartär	1,8	
	Tertiär	65–1,8	
Erdmittelzeit	Kreide	144–65	
	Jura	206–144	
	Trias	245–206	
	Perm	290–245	